해양환경공단

실전 최종모의고사 + 무료NCS특강

SD에듀
(주)시대고시기획

2024 최신판 SD에듀 해양환경공단
NCS 최종모의고사 7회분 + 인성검사 + 면접 + 무료NCS특강

Always **with you**

사람의 인연은 길에서 우연하게 만나거나 함께 살아가는 것만을 의미하지는 않습니다.
책을 펴내는 출판사와 그 책을 읽는 독자의 만남도 소중한 인연입니다.
SD에듀는 항상 독자의 마음을 헤아리기 위해 노력하고 있습니다. 늘 독자와 함께하겠습니다.

바다를 깨끗하고 건강하게 지키기 위해 노력하고 있는 해양환경공단은 2024년에 신입직원을 채용할 예정이다. 해양환경공단의 채용절차는 「입사지원서 접수 ➡ 서류전형 ➡ 필기전형 ➡ 인성검사 ➡ 면접전형 ➡ 최종합격자 발표」 순서로 이루어진다. 필기전형은 직업기초능력평가와 직무수행능력평가로 진행된다. 그중 직업기초능력평가는 의사소통능력, 문제해결능력, 조직이해능력, 정보능력, 수리능력 총 5개의 영역을 평가하며, 2023년에는 피듈형으로 진행되었다. 또한, 직무수행능력평가는 직군별로 내용이 상이하므로 반드시 확정된 채용공고를 확인하는 깃이 필요하다. 따라서 필기전형에서 고득점을 받기 위해 다양한 유형에 대한 폭넓은 학습과 문제풀이능력을 높이는 등 철저한 준비가 필요하다.

해양환경공단 합격을 위해 SD에듀에서는 해양환경공단 판매량 1위의 출간 경험을 토대로 다음과 같은 특징을 가진 도서를 출간하였다.

도서의 특징

❶ 합격으로 이끌 가이드를 통한 채용 흐름 확인!
  • 해양환경공단 소개와 최신 시험 분석을 수록하여 채용 흐름을 파악하는 데 도움이 될 수 있도록 하였다.

❷ 최종모의고사를 통한 완벽한 실전 대비!
  • 철저한 분석을 통해 실제 유형과 유사한 최종모의고사를 수록하여 자신의 실력을 최종 점검할 수 있도록 하였다.

❸ 다양한 콘텐츠로 최종 합격까지!
  • 해양환경공단 인성검사와 면접 가이드를 수록하여 채용 전반을 준비하는 데 부족함이 없도록 하였다.
  • 온라인 모의고사 응시 쿠폰을 무료로 제공하여 필기전형을 준비하는 데 부족함이 없도록 하였다.

끝으로 본 도서를 통해 해양환경공단 채용을 준비하는 모든 수험생 여러분이 합격의 기쁨을 누리기를 진심으로 기원한다.

SDC(Sidae Data Center) 씀

해양환경공단 이야기 INTRODUCE

⟳ 미션

깨끗하고 안전한 바다로 국민 행복을 증진하고,
해양의 더 나은 미래를 열어간다

⟳ 비전

해양의 보전과 이용을 선도하는 해양환경 국민 플랫폼 기관

⟳ 슬로건

건강한 바다, 풍요로운 미래, 행복한 국민 with KOEM

⟳ 경영목표

깨끗한 바다 / 안전한 바다 / 풍요로운 바다 / 혁신의 바다

핵심가치

> 전문역량 / 안전우선 / 열린혁신 / 협력성장

경영방침

> 공정경제 / 공익우선 / 국민참여 / 일하는 보람

인재상

건강한 바다, 풍요로운 미래, 행복한 국민을 위해
열린 사고와 열정을 가진 해양환경 전문인

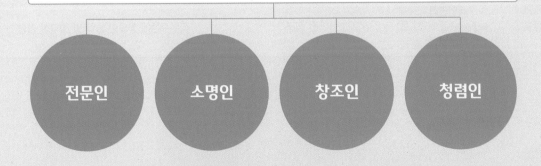

전문인 　 소명인 　 창조인 　 청렴인

신입 채용 안내 INFORMATION

지원자격(공통)

❶ 성별 : 제한 없음(단, 남자에 한하여 병역필 또는 면제자만 지원 가능)
❷ 해양환경공단 인사규정 제49조(정년)에 따른 만 60세 미만인 자
❸ 최종합격 후 즉시 임용이 가능한 자
❹ 해양환경공단 인사규정 제23조(결격사유)에 따른 채용결격사유가 없는 자

필기전형

구분	직군		내용
직업기초능력평가	전 직군		의사소통능력, 문제해결능력, 조직이해능력, 정보능력, 수리능력
직무수행능력평가	일반직 5급	삼중수소분석 및 평가 · 행정	방사선물리학, 방사화학, 방사선계측학, 환경방사능학 개론
	일반직 6급	해양방사능 · 행정	방사선물리학, 방사선계측학, 환경방사능학 개론
	기술직(선박) 5급	선박항해	항해학, 해사법규, 해사영어
		선박기관	기관학, 해사법규, 해사영어

면접전형

구분	직군	내용
대면면접	전 직군	직무수행에 필요한 능력 및 적격성 검정
토론면접		

❖ 위 채용안내는 2023년 상반기 채용공고를 기준으로 작성하였으므로 세부내용은 반드시 확정된 채용공고를 확인하기 바랍니다.

2023년 상반기 해양환경공단의 필기전형은 모듈형의 비중이 높은 피듈형으로 출제되었다. 의사소통능력의 경우 사자성어와 관련된 문제가 출제되었으며, 조직이해능력의 경우 홈페이지 조직도와 관련된 문제가 출제되었다는 후기가 있었다. 따라서 이론 및 개념을 머릿속에 완벽히 정립해 문제에 활용하는 능력이 필요하다는 의견이 많았다.

의사소통능력

출제 특징	• 사자성어 문제가 출제됨
출제 키워드	• 사자성어 등

조직이해능력

출제 특징	• 홈페이지 조직도 문제가 출제됨
출제 키워드	• 홈페이지 조직도 등

NCS 문제 유형 소개 NCS TYPES

PSAT형

※ 다음은 K공단의 국내 출장비 지급 기준에 대한 자료이다. 이어지는 질문에 답하시오. **[15~16]**

〈국내 출장비 지급 기준〉

① 근무지로부터 편도 100km 미만의 출장은 공단 차량 이용을 원칙으로 하며, 다음 각호에 따라 "별표 1"에 해당하는 여비를 지급한다.
  ㉠ 일비
   ⓐ 근무시간 4시간 이상 : 전액
   ⓑ 근무시간 4시간 미만 : 1일분의 2분의 1
  ㉡ 식비 : 명령권자가 근무시간이 모두 소요되는 1일 출장으로 인정한 경우에는 1일분의 3분의 1 범위 내에서 지급
  ㉢ 숙박비 : 편도 50km 이상의 출장 중 출장일수가 2일 이상으로 숙박이 필요할 경우, 증빙자료 제출 시 숙박비 지급
② 제1항에도 불구하고 공단 차량을 이용할 수 없어 개인 소유 차량으로 업무를 수행한 경우에는 일비를 지급하지 않고 이사장이 따로 정하는 바에 따라 교통비를 지급한다.
③ 근무지로부터 100km 이상의 출장은 "별표 1"에 따라 교통비 및 일비는 전액을, 식비는 1일분의 3분의 2 해당액을 지급한다. 다만, 업무 형편상 숙박이 필요하다고 인정할 경우에는 출장기간에 대하여 숙박비, 일비, 식비 전액을 지급할 수 있다.

〈별표 1〉

구분	교통비				일비 (1일)	숙박비 (1박)	식비 (1일)
	철도임	선임	항공임	자동차임			
임원 및 본부장	1등급	1등급	실비	실비	30,000원	실비	45,000원
1, 2급 부서장	1등급	2등급	실비	실비	25,000원	실비	35,000원
2, 3, 4급 부장	1등급	2등급	실비	실비	20,000원	실비	30,000원
4급 이하 팀원	2등급	2등급	실비	실비	20,000원	실비	30,000원

1. 교통비는 실비를 기준으로 하되, 실비 정산은 국토해양부장관 또는 특별시장·광역시장·도지사·특별자치도지사 등이 인허한 요금을 기준으로 한다.
2. 선임 구분표 중 1등급 해당자는 특등, 2등급 해당자는 1등을 적용한다.
3. 철도임 구분표 중 1등급은 고속철도 특실, 2등급은 고속철도 일반실을 적용한다.
4. 임원 및 본부장의 식비가 위 정액을 초과하였을 경우 실비를 지급할 수 있다.
5. 운임 및 숙박비의 할인이 가능한 경우에는 할인 요금으로 지급한다.
6. 자동차임 실비 지급은 연료비와 실제 통행료를 지급한다.
   (연료비)=[여행거리(km)]×(유가)÷(연비)
7. 임원 및 본부장을 제외한 직원의 숙박비는 70,000원을 한도로 실비를 정산할 수 있다.

특징 ▶ 대부분 의사소통능력, 수리능력, 문제해결능력을 중심으로 출제(일부 기업의 경우 자원관리능력, 조직이해능력을 출제)
▶ 자료에 대한 추론 및 해석 능력을 요구

대행사 ▶ 엑스퍼트컨설팅, 커리어넷, 태드솔루션, 한국행동과학연구소(행과연), 휴노 등

모듈형

| 대인관계능력

60 다음 자료는 갈등해결을 위한 6단계 프로세스이다. 3단계에 해당하는 대화의 예로 가장 적절한 것은?

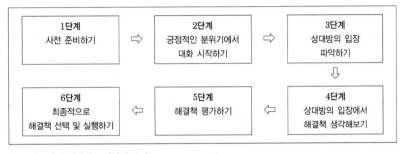

① 그럼 A씨의 생각대로 진행해 보시죠.

특징
- ▶ 이론 및 개념을 활용하여 푸는 유형
- ▶ 채용 기업 및 직무에 따라 NCS 직업기초능력평가 10개 영역 중 선발하여 출제
- ▶ 기업의 특성을 고려한 직무 관련 문제를 출제
- ▶ 주어진 상황에 대한 판단 및 이론 적용을 요구

대행사
- ▶ 인트로맨, 휴스테이션, ORP연구소 등

피듈형(PSAT형 + 모듈형)

| 문제해결능력

60 P회사는 직원 20명에게 나눠 줄 추석 선물 품목을 조사하였다. 다음은 유통업체별 품목 가격과 직원들의 품목 선호도를 나타낸 자료이다. 이를 참고하여 P회사에서 구매하는 물품과 업체를 바르게 연결한 것은?

〈업체별 품목 금액〉

구분		1세트당 가격	혜택
A업체	돼지고기	37,000원	10세트 이상 주문 시 배송 무료
	건어물	25,000원	
B업체	소고기	62,000원	20세트 주문 시 10% 할인
	참치	31,000원	
C업체	스팸	47,000원	50만 원 이상 주문 시 배송 무료
	김	15,000원	

〈구성원 품목 선호도〉

특징
- ▶ 기초 및 응용 모듈을 구분하여 푸는 유형
- ▶ 기초인지모듈과 응용업무모듈로 구분하여 출제
- ▶ PSAT형보다 난도가 낮은 편
- ▶ 유형이 정형화되어 있고, 유사한 유형의 문제를 세트로 출제

대행사
- ▶ 사람인, 스카우트, 인크루트, 커리어케어, 트리피, 한국사회능력개발원 등

주요 공기업 적중 문제 TEST CHECK

해양환경공단

조직도 ▶ 유형

24 다음은 H공사 조직도의 변경 전 모습이다. 업무 효율을 높이기 위해 〈조건〉을 참고하여 조직도를 변경하였을 때, 잘못 배치한 것은?

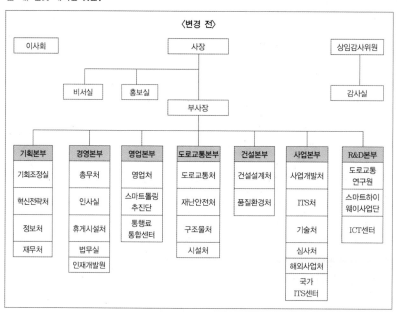

〈변경 전〉

| 이사회 | | 사장 | | 상임감사위원 |

비서실　홍보실　　　감사실

부사장

기획본부	경영본부	영업본부	도로교통본부	건설본부	사업본부	R&D본부
기회조정실	총무처	영업처	도로교통처	건설설계처	사업개발처	도로교통연구원
혁신전략처	인사실	스마트폴링추진단	재난안전처	품질환경처	ITS처	스마트하이웨이사업단
정보처	휴게시설처	통행료통합센터	구조물처		기술처	ICT센터
재무처	법무실		시설처		심사처	
	인재개발원				해외사업처	
					국가ITS센터	

〈조건〉

지금 우리 공사의 조직구성이 업무와 잘 맞지 않는다는 의견이 있어 여러 고심 끝에 조직체계를 새롭게 구성하였음을 알려드립니다. 먼저, 인사를 담당하고 있는 부서의 인력 충원에 따른 규모 확장과 직원들의 복지 증진을 위해 권한을 확대하였기에 이에 따라 이름을 인력처로 변경하였습니다. 또한, 부서별 특성과 업무의 전문화를 고려하여 도로처와 교통처로 각각 분리하였으며, 이와 같은 이유로 건설설계처도 업무의 전문화와 세분화를 위하여 두 개의 처로 분리하였습니다. 반면, 기술처와 심사처는 업무의 연관성을 고려하여 기술심사처로 통합하였습니다. 필요성이 꾸준히 제기되어 온 교통센터를 신설하여 도로교통본부에서 관리하게 될 것이며, 초장대교량 기술의 발달과 건설 증대로 인한 관리가 중요해짐에 따라 초장대교량사업단을 임시로 설치하여 연구개발본부 소속으로 활동하게 될 것입니다. 마지막으로 새로운 조직도를 첨부하오니, 미리 숙지하시어 업무에 혼동이 없도록 하시기 바랍니다.

한국마사회

도박 ▶ 키워드

11 다음 A ~ C의 비윤리적 행위에 대한 원인을 순서대로 바르게 나열한 것은?

- A는 영화관 내 촬영이 금지된 것을 모르고 영화 관람 중 스크린을 동영상으로 촬영하였고, 이를 인터넷에 올렸다가 저작권 위반으로 벌금이 부과되었다.
- B는 얼마 전 친구에게 인터넷 도박 사이트를 함께 운영하자는 제안을 받았고, 그러한 행위가 불법인 줄 알았음에도 불구하고 많은 돈을 벌 수 있다는 친구의 말에 제안을 바로 수락했다.
- 평소에 화를 잘 내지 않는 C는 만취한 상태로 편의점에 들어가 물건을 구매하는 과정에서 직원과 말다툼을 하다가 화를 주체하지 못하고 주먹을 휘둘렀다.

	A	B	C
①	무절제	무지	무관심
②	무관심	무지	무절제
③	무관심	무절제	무지
④	무지	무관심	무절제

한국환경공단

글의 순서 ▶ 유형

24 다음 문단에 이어질 내용을 논리적 순서대로 알맞게 나열한 것은?

청바지는 모든 사람이 쉽게 애용할 수 있는 옷이다. 말 그대로 캐주얼의 대명사인 청바지는 내구력과 범용성 면에서 다른 옷에 비해 뛰어나고, 패션적으로도 무난하다는 점에서 옷의 혁명이라 일컬을 만하다. 그러나 청바지의 시초는 그렇지 않았다.

(가) 청바지의 시초는 광부들의 옷으로 알려졌다. 정확히 말하자면 텐트용으로 주문받은 천을 실수로 푸른색으로 염색한 바람에 텐트 납품계약이 무산되자, 재고가 되어 버린 질긴 천을 광부용 옷으로 변용해보자는 아이디어에 의한 것이었다.

(나) 청바지의 패션 아이템화는 한국에서도 크게 다르지 않다. 나팔바지, 부츠컷, 배기 팬츠 등 다양한 변용이 있으나, 세대차라는 말이 무색할 만큼 과거의 사진이나 현재의 사진이나 많은 사람이 청바지를 캐주얼한 패션 아이템으로 활용하는 것을 볼 수 있다.

(다) 비록 시작은 그리하였지만, 청바지는 이후 패션 아이템으로 선풍적인 인기를 끌었다. 과거 유명한 서구 남성 배우들의 아이템에는 꼭 청바지가 있었다고 해도 과언이 아닌데, 그 예로는 제임스 딘이 있다.

(라) 청바지는 주재료인 데님의 성질 때문에 활동성을 보장하기 어려웠던 부분을 단점으로 들 수 있겠으나, 2000년대 들어 스판덱스가 첨가된 청바지가 제작되기 시작하면서 그러한 문제도 해결되어, 전천후 의류로 기능하고 있다.

① (라) - (다) - (가) - (나)   ② (다) - (가) - (라) - (나)
③ (가) - (다) - (라) - (나)   ④ (가) - (다) - (나) - (라)
⑤ (다) - (가) - (나) - (라)

주요 공기업 적중 문제 TEST CHECK

코레일 한국철도공사 사무직

글의 제목 ▶ 유형

24 다음 글의 제목으로 가장 적절한 것은?

'5060세대'. 몇 년 전까지만 해도 그들은 사회로부터 '지는 해' 취급을 받았다. '오륙도'라는 꼬리표를 달아 일터에서 밀어내고, 기업은 젊은 고객만 왕처럼 대우했다. 젊은 층의 지갑만 노려야 돈을 벌 수 있다는 것이 기업의 마케팅 전략이었기 때문이다.

그러나 최근 들어 상황이 달라졌다. 5060세대가 새로운 소비 군단으로 주목되기 시작한 가장 큰 이유는 고령화 사회로 접어들면서 시니어(Senior) 마켓 시장이 급속도로 커지고 있는 데다 이들이 돈과 시간을 가장 넉넉하게 가진 세대이기 때문이다. 한 경제연구원에 따르면 50대 이상 인구 비중이 30%에 이르면서 50대 이상을 겨냥한 시장 규모가 100조 원대까지 성장할 예정이다.

통계청이 집계한 가구주 나이별 가계수지 자료를 보면, 한국 사회에서는 50대 가구주의 소득이 가장 높다. 월평균 361만 500원으로 40대의 소득보다도 높은 것으로 집계됐다. 가구주 나이가 40대인 가구의 가계수지를 보면, 소득은 50대보다 적으면서도 교육 관련 지출(45만 6,400원)이 압도적으로 높아 소비 여력이 낮은 편이다. 그러나 50대 가구주의 경우 소득이 높으면서 소비 여력 또한 충분하다. 50대 가구주의 처분가능소득은 288만 7,500원으로 전 연령층에서 가장 높다.

이들이 신흥 소비군단으로 떠오르면서 '애플(APPLE)족'이라는 마케팅 용어까지 등장했다. 활동적이고(Active) 자부심이 강하며(Pride) 안정적으로(Peace) 고급문화(Luxury)를 즐기는 경제력(Economy) 있는 50대 이후 세대를 뜻하는 말이다. 통계청은 여행과 레저를 즐기는 5060세대를 '주목해야 할 블루슈머*7' 가운데 하나로 선정했다. 과거 5060세대는 자식을 보험으로 여기며 자식에게 의존하면서 살아가는 전통적인 노인이었다. 그러나 애플족은 자녀로부터 독립해 자기만의 새로운 인생을 추구한다. '통크족(TONK; Two Only, No Kids)'이라는 별칭이 붙는 이유이다. 통크족이나 애플족의 젊은 층의 전유물로 여겨졌던 자기중심

코레일 한국철도공사 기술직

도급 ▶ 키워드

01 K공사는 부대시설 건축을 위해 A건축회사와 계약을 맺었다. 다음의 계약서를 보고 건축시설처의 L대리가 파악할 수 있는 내용으로 가장 적절한 것은?

〈공사도급계약서〉

상세시공도면 작성(제10조)
① '을'은 건축법 제19조 제4항에 따라 공사감리자로부터 상세시공도면의 작성을 요청받은 경우에는 상세시공도면을 작성하여 공사감리자의 확인을 받아야 하며, 이에 따라 공사를 하여야 한다.
② '갑'은 상세시공도면의 작성범위에 관한 사항을 설계자 및 공사감리자의 의견과 공사의 특성을 감안하여 계약서상의 시방에 명시하고, 상세시공도면의 작성비용을 공사비에 반영한다.

안전관리 및 재해보상(제11조)
① '을'은 산업재해를 예방하기 위하여 안전시설의 설치 및 보험의 가입 등 적정한 조치를 하여야 한다. 이때 '갑'은 계약금액의 안전관리비 및 보험료 상당액을 계상하여야 한다.
② 공사현장에서 발생한 산업재해에 대한 책임은 '을'에게 있다. 다만, 설계상의 하자 또는 '갑'의 요구에 의한 작업으로 인한 재해에 대하여는 그러하지 아니하다.

응급조치(제12조)
① '을'은 재해방지를 위하여 특히 필요하다고 인정될 때에는 미리 긴급조치를 취하고 즉시 이를 '갑'에게 통지하여야 한다.
② '갑'은 재해방지 및 기타 공사의 시공상 긴급·부득이하다고 인정할 때에는 '을'에게 긴급조치를 요구할 수 있다.

국민건강보험공단

질병 ▶ 키워드

03 다음 글의 빈칸에 들어갈 내용으로 가장 적절한 것은?

알레르기는 도시화와 산업화가 진행되는 지역에서 매우 빠르게 증가하고 있는데, 알레르기의 발병 원인에 대한 20세기의 지배적 이론은 알레르기는 병원균의 침입에 의해 발생하는 감염성 질병이라는 것이다. 하지만 1989년 영국 의사 S는 이 전통적인 이론에 맞서 다음 가설을 제시했다. ＿＿＿＿＿＿＿＿＿＿ S는 1958년 3월 둘째 주에 태어난 17,000명 이상의 영국 어린이를 대상으로 그들이 23세가 될 때까지 수집한 개인 정보 데이터베이스를 분석하여, 이 가설을 뒷받침하는 증거를 찾았다. 이들의 가족 관계, 사회적 지위, 경제력, 거주 지역, 건강 등의 정보를 비교 분석한 결과, 두 개 항목이 꽃가루 알레르기와 상관관계를 가졌다. 첫째, 함께 자란 형제자매의 수이다. 외동으로 자란 아이의 경우 형제가 서넛인 아이에 비해 꽃가루 알레르기에 취약했다. 둘째, 가족 관계에서 차지하는 서열이다. 동생이 많은 아이보다 손위 형제가 많은 아이가 알레르기에 걸릴 확률이 낮았다.
S의 주장에 따르면 가족 구성원이 많은 집에 사는 아이들은 가족 구성원, 특히 손위 형제들이 집안으로 끌고 들어오는 온갖 병원균에 의한 잦은 감염 덕분에 장기적으로는 알레르기 예방에 오히려 유리하다. S는 유년기에 겪은 이런 감염이 꽃가루 알레르기를 비롯한 알레르기성 질환으로부터 아이들을 보호해 왔다고 생각했다.

① 알레르기는 유년기에 병원균 노출의 기회가 적을수록 발생 확률이 높아진다.
② 알레르기는 가족 관계에서 서열이 높은 가족 구성원에게 더 많이 발생한다.
③ 알레르기는 성인보다 유년기의 아이들에게 더 많이 발생한다.
④ 알레르기는 도시화에 따른 전염병의 증가로 인해 유발된다.

서울교통공사

참 거짓 논증 ▶ 유형

39 다음의 마지막 명제가 참일 때, 빈칸에 들어갈 명제로 가장 적절한 것은?

• 허리통증이 심하면 나쁜 자세로 공부했다는 것이다.
• 공부를 오래 하면 성적이 올라간다.
• ＿＿＿＿＿＿＿＿＿＿＿＿＿＿＿＿＿＿＿＿＿＿＿
• 성적이 떨어졌다는 것은 나쁜 자세로 공부했다는 것이다.

① 성적이 올라갔다는 것은 좋은 자세로 공부했다는 것이다.
② 좋은 자세로 공부한다고 해도 허리의 통증은 그대로이다.
③ 성적이 떨어졌다는 것은 공부를 별로 하지 않았다는 증거다.
④ 좋은 자세로 공부한다고 해도 공부를 오래 하긴 힘들다.
⑤ 허리통증이 심하지 않으면 공부를 오래 할 수 있다.

도서 200% 활용하기 STRUCTURES

1 NCS 최종모의고사 + OMR을 활용한 실전 연습

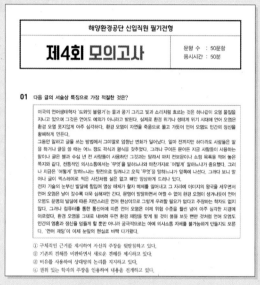

▶ NCS 최종모의고사와 OMR 답안카드를 수록하여 실제로 시험을 보는 것처럼 최종 마무리 연습을 할 수 있도록 하였다.

▶ 모바일 OMR 답안채점/성적분석 서비스를 통해 필기전형에 대비할 수 있도록 하였다.

2 인성검사부터 면접까지 한 권으로 최종 마무리

▶ 인성검사 모의테스트를 수록하여 인성검사 유형 및 문항을 확인할 수 있도록 하였다.

▶ 해양환경공단 면접 기출질문을 수록하여 실제 면접에서 나오는 질문을 미리 파악할 수 있도록 하였다.

3 상세한 해설로 정답과 오답을 완벽하게 이해

▶ 정답과 오답에 대한 상세한 해설을 수록하여 혼자서도 학습할 수 있도록 하였다.

4 학습플래너로 효율적인 시간 관리

▶ 학습플래너를 수록하여 본인의 일정에 맞추어 집중적으로 공부할 수 있도록 하였다.

이 책의 차례 CONTENTS

제1회
해양환경공단

NCS
직업기초능력평가

www.sdedu.co.kr

〈문항 및 시험시간〉

평가영역	문항 수	시험시간	모바일 OMR 답안채점/성적분석 서비스
의사소통＋문제해결＋조직이해＋정보＋수리	50문항	50분	

제1회 모의고사

문항 수 : 50문항
응시시간 : 50분

01 다음 글의 내용으로 적절한 것은?

통증은 조직 손상이 일어나거나 일어나려고 할 때 의식적인 자각을 주는 방어적 작용으로 감각의 일종이다. 통증을 유발하는 자극에는 강한 물리적 충격에 의한 기계적 자극, 높은 온도에 의한 자극, 상처가 나거나 미생물에 감염되었을 때 세포에서 방출하는 화학 물질에 의한 화학적 자극 등이 있다. 이러한 자극은 온몸에 퍼져 있는 감각 신경의 말단에서 받아들이는데, 이 신경 말단을 통각 수용기라 한다. 통각 수용기는 피부에 가장 많아 피부에서 발생한 통증은 위치를 확인하기 쉽지만, 통각 수용기가 많지 않은 내장 부위에서 발생한 통증은 위치를 정확히 확인하기 어렵다. 후각이나 촉각 수용기 등에는 지속적인 자극에 대해 수용기의 반응이 감소되는 감각 적응 현상이 일어난다. 하지만 통각 수용기에는 지속적인 자극에 대해 감각 적응 현상이 거의 일어나지 않는다. 그래서 우리 몸은 위험한 상황에 대응할 수 있게 된다.

대표적인 통각 수용 신경 섬유에는 Aδ섬유와 C섬유가 있다. Aδ섬유에는 기계적 자극이나 높은 온도 자극에 반응하는 통각 수용기가 분포되어 있으며, C섬유에는 기계적 자극이나 높은 온도 자극뿐만 아니라 화학적 자극에도 반응하는 통각 수용기가 분포되어 있다. Aδ섬유를 따라 전도된 통증 신호가 대뇌피질로 전달되면, 대뇌피질에서는 날카롭고 쑤시는 듯한 짧은 초기 통증을 느끼고 통증이 일어난 위치를 파악한다. C섬유를 따라 전도된 통증 신호가 대뇌피질로 전달되면, 대뇌피질에서는 욱신거리고 둔한 지연 통증을 느낀다. 이는 두 신경 섬유의 특징과 관련이 있다. Aδ섬유는 직경이 크고 전도 속도가 빠르며, C섬유는 직경이 작고 전도 속도가 느리다.

① Aδ섬유를 따라 전도된 통증 신호가 대뇌피질로 전달되면, 대뇌피질에서는 욱신거리고 둔한 지연 통증을 느낀다.
② 통각 수용기는 수용기의 반응이 감소되는 감각 적응 현상이 거의 일어나지 않는다.
③ Aδ섬유는 C섬유보다 직경이 작고 전도 속도가 빠르다.
④ 통각 수용기가 적은 부위일수록 통증 위치를 확인하기 쉽다.

02 다음 글을 논리적 순서대로 바르게 나열한 것은?

(가) 1980년대 말 미국 제약협회는 특허권을 통해 25년 동안 의약품의 독점 가격을 법으로 보장하도록 칠레 정부를 강하게 압박했다. 1990년 칠레 정부는 특허법 개정안을 제시했지만, 미국 제약협회는 수용을 거부했다.

(나) 그러나 칠레의 사례는 이보다 훨씬 더 큰 사건을 예고하는 것이었다. 바로 세계무역기구에서 관리하는 1994년의 무역 관련 지적재산권 협정이다. 이 협정의 채택은 개별 국가의 정책에 영향을 미치는 강제력이 있는 전 지구적 지적재산권 체제의 시대가 왔음을 의미한다. 12명의 미국인으로 구성된 지적재산권 위원회가 그 모든 결정권자였다.

(다) 결국 칠레는 특허법 개정안을 원점에서 재검토하여 의약품에 대한 15년 동안의 특허 보호를 인정하는 개정안을 마련하였다. 이를 특허법에 반영하였고, 미국 제약협회는 이에 만족한다고 발표하였다.

(라) 1990년 미국의 제약협회가 외국의 주권 국가가 제정한 법률을 거부하고 고치도록 영향력을 행사하는 사건이 일어났다. 1990년 전까지 칠레는 의약품에 대한 특허권을 인정하지 않았다. 특허권과 같은 재산권보다 공중 건강을 더 중시해 필요한 의약품의 가격을 적정 수준으로 유지하려는 노력의 일환이었다.

① (라) – (나) – (가) – (다)
② (라) – (가) – (다) – (나)
③ (다) – (가) – (라) – (나)
④ (나) – (가) – (라) – (다)

03 다음 글을 바탕으로 한 추론으로 옳지 않은 것은?

리플리 증후군이란 허구의 세계를 진실이라 믿고 거짓말과 거짓된 행동을 상습적으로 반복하는 반사회적 인격장애를 뜻한다. 리플리 증후군은 극단적인 감정의 기복을 보이는 등 불안정한 정신상태를 갖고 있는 사람에게서 잘 나타나는 것으로 알려져 있다. 자신의 욕구를 충족시킬 수 없어 열등감과 피해의식에 시달리다가 상습적이고 반복적인 거짓말을 일삼으면서 이를 진실로 믿고 행동하게 된다. 거짓말을 반복하다가 본인이 한 거짓말을 스스로 믿어 버리는 증후군으로서 현재 자신의 상황에 만족하지 못하는 경우에 발생한다. 이는 '만족'이라는 상대적인 개념을 개인이 어떻게 받아들이고 느끼느냐에 따라 달라진다고 할 수 있다.

① 상대적으로 자신에게 만족감을 갖지 못한 사람에게 리플리 증후군이 나타난다.
② 리플리 증후군 환자는 거짓말을 통해 만족감을 얻고자 한다.
③ 자신의 상황에 불만족하는 사람은 불안정한 정신 상태를 갖게 된다.
④ 리플리 증후군 환자는 자신의 거짓말을 거짓말로 인식하지 못한다.

사람들은 커뮤니케이션에 대한 관점이 다르기 때문에 메시지 내용의 구성에 있어서도 매우 차이가 나는 것을 볼 수 있다. 메시지 구성논리(Message design logic)는 사람들이 자신의 생각과 메시지의 구성을 연결하는 커뮤니케이션에 대하여 가지는 믿음 체계라고 볼 수 있다. 다시 말해 커뮤니케이션의 기능이나 특성에 대한 사람들의 차별적인 관점이 메시지 구성에서 차별화를 보여 준다는 것이다. 이러한 차별적 메시지 구성은 사람들이 갈등적 관계에 있을 때 특히 명확하게 드러난다. 오키프는 다음과 같은 세 가지 종류의 메시지 구성논리를 주장하고 있다.

첫 번째, 표현적 메시지 구성논리(Expressive message design logic)는 송신자 중심의 패턴이라고 볼 수 있다. 이러한 패턴을 사용하는 사람들은 기본적으로 자신의 표현(Self-expression)을 가장 중요하게 생각한다. _____ 표현적 메시지 구성논리를 사용하는 사람들은 자신의 생각의 표현을 억제하는 것이 힘들며, 생각하는 것을 곧바로 입으로 표현하고자 한다. 이러한 사람들은 커뮤니케이션에서 솔직함이나 개방성, 명쾌함 등을 중요한 가치로 생각하며, 의도적이고 전략적으로 말을 하는 사람들을 신뢰하지 않는다. 마음에 있는 것들을 곧바로 말하고 싶은 충동을 갖고 있는 것이다. 메시지 내용의 대부분은 송신자가 무엇을 느끼고 있는가에 초점이 맞춰져 있는 것이다.

두 번째는 인습적 메시지 구성논리(Conventional message design logic)이다. 메시지 구성 논리를 사용하는 사람들은 커뮤니케이션을 협동적으로 이뤄지는 게임으로 간주한다. 따라서 이러한 사람들은 커뮤니케이션에서 적절함에 관심을 가지며, 대화의 맥락, 역할, 관계 등을 중요하게 생각한다. _____ 그들은 공손하려고 애쓰며, 사회적 규칙 등을 암시적으로 언급하는 사람들이다. 다른 사람이 사회적으로 잘못했을 경우 그 사람의 행동이 부적절했음을 지적할 뿐만 아니라 상대방의 사회적 위치가 무엇인지를 지적하는 사람인 것이다.

마지막으로 세 번째 구성논리는 수사적 메시지 구성논리(Rhetorical message design logic)이다. _____ 이러한 사고방식은 커뮤니케이션의 기술적 능력과 세심함과 함께 유연성을 특히 강조하고 있다. 수사적 메시지 구성논리를 중심으로 하는 사람들은 상대방의 관점을 이해하기 위하여 상대방과의 커뮤니케이션의 내용에 주목한다. 서로 간에 이익이 되는 상황으로 기존의 상황을 재정의함으로써 문제를 예방하려고 한다.

─〈보기〉─

㉠ 이러한 구성논리를 사용하는 사람들은 커뮤니케이션을 상황을 만들고 복수(자신과 상대방)의 목표를 타협하는 도구로 간주한다.

㉡ 커뮤니케이션이란 송신자의 생각이나 감정을 전달하는 수단으로 간주되는 것이다.

㉢ 주어진 상황에서 올바른 것을 말하고 행하는 것에 관심을 갖는 것이다.

① ㉠, ㉡, ㉢
② ㉠, ㉢, ㉡
③ ㉡, ㉠, ㉢
④ ㉡, ㉢, ㉠

05 다음 글의 빈칸에 들어갈 말로 적절하지 않은 것은?

유럽의 도시들을 여행하다 보면 여기저기서 벼룩시장이 열리는 것을 볼 수 있다. 벼룩시장에서 사람들은 낡고 오래된 물건들을 보면서 추억을 되살린다. 유럽 도시들의 독특한 분위기는 오래된 것을 쉽게 버리지 않는 정신이 반영된 것이다. 영국의 옥스팜(Oxfam)이라는 시민단체는 헌옷을 수선해 파는 전문 상점을 운영하여 그 수익금으로 제3세계를 지원하고 있다.

땀과 기억이 배어 있는 오래된 물건은 ＿＿＿＿＿＿＿＿＿＿＿＿＿＿＿ 선물로 받아서 10년 이상 써 온 손때 묻은 만년필을 잃어버렸을 때 느끼는 상실감은 새 만년필을 산다고 해서 사라지지 않는다. 이는 그 만년필이 개인의 오랜 추억을 담고 있는 증거물이자 애착의 대상이 되었기 때문이다. 그렇기에 실용성과 상관없이 오래된 것은 그 자체로 아름답다.

① 경제적 가치는 없지만 그것만이 갖는 정서적 가치를 지닌다.
② 자신만의 추억을 위해 간직하고 싶은 고유한 가치를 지닌다.
③ 실용적 가치만으로 따질 수 없는 보편적 가치를 지닌다.
④ 새로운 상품이 대체할 수 없는 심리적 가치를 지닌다.

06 다음 글에서 도킨스의 논리에 대한 필자의 문제 제기로 가장 적절한 것은?

도킨스는 인간의 모든 행동이 유전자의 자기 보존 본능에 따라 일어난다고 주장했다. 사실 도킨스는 플라톤에서부터 쇼펜하우어에 이르기까지 통용되던 철학적 생각을 유전자라는 과학적 발견을 이용하여 반복하고 있을 뿐이다. 이에 따르면 인간 개체는 유전자라는 진정한 주체의 매체에 지나지 않게 된다. 그런데 이 같은 도킨스의 논리에 근거하면 우리 인간은 이제 자신의 몸과 관련된 모든 행동에 대해 면죄부를 받게 된다. 모든 것이 이미 유전자가 가진 이기적 욕망으로부터 나왔다고 볼 수 있기 때문이다. 그래서 도킨스의 생각에는 살아가고 있는 구체적 생명체를 경시하게 되는 논리가 잠재되어 있다.

① 고대의 철학은 현대의 과학과 양립할 수 있는가?
② 유전자의 자기 보존 본능이 초래하게 되는 결과는 무엇인가?
③ 인간을 포함한 생명체는 진정한 주체가 아니란 말인가?
④ 생명 경시 풍조의 근원이 되는 사상은 무엇인가?

1894년, 화성에 고도로 진화한 지적 생명체가 존재한다는 주장이 언론의 주목을 받았다. 이러한 주장은 당시 화성의 지도들에 나타난, '운하'라고 불리던 복잡하게 엉킨 선들에 근거를 두고 있었다. 화성의 운하는 1878년에 처음 보고된 뒤 거의 30년간 여러 화성 지도에 계속해서 나타났다. 존재하지도 않는 화성의 운하들이 어떻게 그렇게 오랫동안 천문학자들에게 받아들여질 수 있었을까?

19세기 후반에 망원경 관측을 바탕으로 한 화성의 지도가 많이 제작되었다. 특히 1877년 9월은 지구가 화성과 태양에 동시에 가까워지는 시기여서 화성의 표면이 그 어느 때보다도 밝게 보였다. 영국의 아마추어 천문학자 그린은 대기가 청명한 포르투갈의 마데이라섬으로 가서 13인치 반사 망원경을 사용해서 화성을 보이는 대로 직접 스케치했다. 그린은 화성 관측 경험이 많았으므로 이전부터 이루어진 자신의 관측 결과를 참고하고, 다른 천문학자들의 관측 결과까지 반영하여 그 당시 가장 정교한 화성 지도를 제작하였다.

그런데 이듬해 이탈리아의 천문학자인 스키아파렐리의 화성 지도가 등장하면서 이 지도의 정확성을 의심하게 되었다. 그린과 같은 시기에 수행한 관측을 토대로 제작한 스키아파렐리의 지도에는, 그린의 지도에서 흐릿하게 표현된 지역에 평행한 선들이 그물 모양으로 교차하는 지형이 나타나 있었기 때문이었다. 스키아파렐리는 이것을 '카날리(Canali)'라고 불렀는데, 이것은 '해협'이나 '운하'로 번역될 수 있는 용어였다.

절차적 측면에서 보면 그린이 스키아파렐리보다 우위를 점하고 있었다. 우선 스키아파렐리는 전문 천문학자였지만 화성 관측은 이때가 처음이었다. 게다가 그는 마데이라섬보다 대기의 청명도가 떨어지는 자신의 천문대에서 관측을 했고, 배율이 상대적으로 낮은 8인치 반사 망원경을 사용했다. 또한 그는 짧은 시간에 특징만을 스케치하고 나중에 기억에 의존해 그것을 정교화했으며, 자신만의 관측을 토대로 지도를 제작했던 것이다. 그런데도 승리는 스키아파렐리에게 돌아갔다. 그가 천문학계에서 널리 알려진 존경받는 천문학자였던 것이 결정적이었다. 대다수의 천문학자는 그들이 존경하는 천문학자가 눈에 보이지도 않는 지형을 지도에 그려 넣었으리라고는 생각하기 어려웠다. 게다가 스키아파렐리의 지도는 지리학의 채색법을 그대로 사용하여 그린의 지도보다 호소력이 강했다. 그 후 스키아파렐리가 몇 번 더 운하의 관측을 보고하자 다른 천문학자들도 운하의 존재를 보고하기 시작했고, 이후 더 많은 운하들이 화성 지도에 나타나게 되었다.

일단 권위자가 무엇인가를 발견했다고 알려지면 그것이 존재하지 않는다는 것을 입증하기란 쉽지 않다. 더구나 관측의 신뢰도를 결정하는 척도로 망원경의 성능보다 다른 조건들이 더 중시되던 당시 분위기에서는 이러한 오류가 수정되기 어려웠다. 성능이 더 좋아진 대형 망원경으로는 종종 운하가 보이지 않았는데, 놀랍게도 운하 가설 옹호자들은 이것에 대해 대형 망원경이 높은 배율 때문에 어떤 대기 상태에서는 오히려 왜곡이 심해서 소형 망원경보다 해상도가 떨어질 수 있다고 해명하곤 했던 것이다.

① 과학의 방법 : 경험과 관찰
② 과학사의 그늘 : 화성의 운하
③ 과학의 신화 : 화성 생명체 가설
④ 설명과 해명 : 그린과 스키아파렐리

08 다음 중 맞춤법이 옳지 않은 것은?

① 오늘은 웬일인지 은총이가 나에게 웃으며 인사해주었다.
② 그녀의 집은 살림이 넉넉지 않다.
③ 분위기에 걸맞은 옷차림이다.
④ 영희한테 들었는데 이 집 자장면이 그렇게 맛있데.

09 다음 글에서 ㉠ ~ ㉣을 고쳐 쓴다고 할 때 적절하지 않은 것은?

> 오늘날 인류가 왼손보다 오른손을 ㉠ <u>더 선호하는</u> 경향은 어디서 비롯되었을까? 오른손을 귀하게 여기고 왼손을 천대하는 현상은 어쩌면 산업화 이전 사회에서 배변 후 사용할 휴지가 없었다는 사실과 관련이 있을 법하다. 맨손으로 배변 뒤처리를 하는 것은 ㉡ <u>불쾌할 뿐더러</u> 병균을 옮길 위험을 수반하는 일이었다. 이런 위험의 가능성을 낮추는 간단한 방법은 음식을 먹거나 인사할 때 다른 손을 사용하는 것이었다. 기술 발달 이전의 사회는 대개 왼손을 배변 뒤처리에, 오른손을 먹고 인사하는 일에 사용했다.
> 나는 이런 배경이 인간 사회에 널리 나타나는 '오른쪽'에 대한 긍정과 '왼쪽'에 대한 ㉢ <u>반감</u>을 어느 정도 설명해 줄 수 있으리라고 생각한다. 그러나 이 설명은 왜 애초에 오른손이 먹는 일에, 그리고 왼손이 배변 처리에 사용되었는지 설명해 주지 못한다. 동서양을 막론하고, 왼손잡이 사회는 확인된 바가 없기 때문이다. ㉣ <u>하지만 왼손잡이 사회가 존재할 가능성도 있으므로 만약 왼손잡이를 선호하는 사회가 발견된다면 이러한 논란은 종결되고 왼손잡이와 오른손잡이에 대한 새로운 이론이 등장할 것이다.</u> 그러므로 근본적인 설명은 다른 곳에서 찾아야 할 것 같다.
> 한쪽 손을 주로 쓰는 경향은 뇌의 좌우반구의 기능 분화와 관련되어 있는 것으로 보인다. 보고된 증거에 따르면, 왼손잡이는 읽기와 쓰기, 개념 및 논리적 사고 같은 좌반구 기능에서 오른손잡이보다 상대적으로 미약한 대신 상상력, 패턴 인식, 창의력 등 전형적인 우반구 기능에서는 상대적으로 기민한 경우가 많다.
> 나는 이성 대 직관의 힘겨루기, 뇌의 두 반구 사이의 힘겨루기가 오른손과 왼손의 힘겨루기로 표면화된 것이 아닐까 생각한다. 즉, 오른손이 원래 왼손보다 더 능숙했기 때문이 아니라 뇌의 좌반구가 인간의 행동을 지배하는 권력을 갖게 되었기 때문에 오른손 선호에 이르렀다는 생각이다.

① ㉠ : 의미 중복이 일어나므로 '선호하는'으로 수정한다.
② ㉡ : 띄어쓰기가 잘못되었으므로 '불쾌할뿐더러'로 수정한다.
③ ㉢ : 문맥상 어색한 단어이므로 '기시감'으로 수정한다.
④ ㉣ : 전체적인 글의 흐름과 어울리지 않으므로 삭제한다.

10 다음 글의 내용 전개 방식으로 가장 적절한 것은?

지구가 스스로 빙빙 돈다는 것, 또 그런 상태로 태양 주변을 빙빙 돌고 있다는 것은 선구자들의 연구 덕분에 증명된 사실이다. 하지만 돌고 있는 것은 지구뿐만이 아니다. 물 역시 지구 내에서 끊임없이 돌고 있다. '물이 돌고 있다.'라는 의미는 지구처럼 물이 시계방향이나 반시계방향으로 빙빙 돌고 있다는 뜻은 아니다. 지구 내 물의 전체 양은 변하지 않은 채 상태와 존재 위치만 바뀌면서 계속해서 '순환'하고 있음을 말한다.

그러면 '물의 순환'을 과학적으로 어떻게 정의할 수 있을까? 한마디로 물이 기체, 액체, 고체로 그 상태를 바꾸면서 지표면과 지하, 대기 사이를 순환하고, 이 과정에서 비와 눈 같은 여러 가지 기상 현상을 일으킨다고 할 수 있다. 강과 바다에서 물이 증발하면 수증기가 되는데, 수증기가 상공으로 올라가다 보면 기압이 낮아져 팽창하게 된다. 그러면서 에너지를 쓰게 되고 온도가 낮아지다 보면 수증기는 다시 작은 물방울이나 얼음 조각으로 변하는데, 그것이 우리가 알고 있는 구름이다. 구름의 얼음 조각이 커지거나 작은 물방울들이 합해지면 큰 물방울이 눈이나 비가 되어 내리고, 지표 사이로 흘러 들어간 물은 다시 강과 바다로 가게 된다. 이러한 현상은 영원히 반복된다.

이처럼 물의 순환은 열을 흡수하느냐 혹은 방출하느냐에 따라 물의 상태가 변함으로써 발생한다. 쉽게 말해 얼음이 따뜻한 곳에 있으면 물이 되고, 물에 뜨거운 열을 가하면 수증기가 되는 것처럼, '고체 → 액체 → 기체' 혹은 '고체 → 기체'로 변화할 때는 열을 흡수하고, 반대의 경우에는 열을 방출하는 것이다. 흡수된 열 에너지는 운동에너지로 전환되어 고체보다는 액체, 액체보다는 기체 상태에서 분자 사이의 움직임을 더 활발하게 만든다.

① 대상에 대한 다양한 관점을 소개하면서 이를 서로 절충하고 있다.
② 전문가의 견해를 토대로 현상의 원인을 분석하고 있다.
③ 비유의 방식을 통해 대상의 속성을 드러내고 있다.
④ 대상의 상태 변화 과정을 통해 현상을 설명하고 있다.

11 H공연기획사는 2023년 봄부터 시작할 지젤 발레 공연 티켓을 Q소셜커머스에서 판매할 예정이다. Q소셜커머스에서 보낸 다음 자료를 토대로 아침 회의 시간에 나눈 대화로 옳지 않은 것은?

〈2022년 판매결과 보고〉

공연명	정가	할인율	판매기간	판매량
백조의 호수	80,000원	67%	2022. 02. 05. ~ 2022. 02. 10.	1,787장
세레나데 & 봄의 제전	60,000원	55%	2022. 03. 10. ~ 2022. 04. 10.	1,200장
라 바야데르	55,000원	60%	2022. 06. 27. ~ 2022. 08. 28.	1,356장
한여름 밤의 꿈	65,000원	65%	2022. 09. 10. ~ 2022. 09. 20.	1,300장
호두까기 인형	87,000원	50%	2022. 12. 02. ~ 2022. 12. 08.	1,405장

※ 할인된 티켓 가격의 10%가 티켓 수수료로 추가된다.
※ 2022년 2월 초에는 설 연휴가 있었다.

① A사원 : 기본 50% 이상 할인을 하는 건 할인율이 너무 큰 것 같아요.
② B팀장 : 표가 잘 안 팔려서 싸게 판다는 이미지를 줘 공연의 전체적인 질이 낮다는 부정적 인식을 줄 수도 있지 않을까요?
③ C주임 : 연휴 시기와 티켓 판매 일정을 어떻게 고려하느냐에 따라 판매량을 많이 올릴 수 있겠네요.
④ D사원 : 세레나데 & 봄의 제전의 경우 총 수익금이 3,700만 원 이상이겠어요.

12 다음 〈보기〉의 명제에 근거하여 반드시 참인 것은?

───〈보기〉───
• 물을 녹색으로 만드는 조류는 냄새 물질을 배출한다.
• 독소 물질을 배출하는 조류는 냄새 물질을 배출하지 않는다.
• 물을 황색으로 만드는 조류는 물을 녹색으로 만들지 않는다.

① 독소 물질을 배출하지 않는 조류는 물을 녹색으로 만든다.
② 물을 녹색으로 만들지 않는 조류는 냄새 물질을 배출하지 않는다.
③ 독소 물질을 배출하는 조류는 물을 녹색으로 만들지 않는다.
④ 냄새 물질을 배출하지 않는 조류는 물을 황색으로 만들지 않는다.

〈허위표시 및 과대광고 관련 법조문〉

제○○조

① 식품에 대한 허위표시 및 과대광고의 범위는 다음 각 호의 어느 하나에 해당하는 것으로 한다.

1. 질병의 치료와 예방에 효능이 있다는 내용의 표시 · 광고

2. 각종 감사장 · 상장 또는 체험기 등을 이용하거나 '인증' · '보증' 또는 '추천'을 받았다는 내용을 사용하거나 이와 유사한 내용을 표현하는 광고. 다만, 중앙행정기관 · 특별지방행정 기관 및 그 부속기관 또는 지방자치단체에서 '인증' · '보증'을 받았다는 내용의 광고는 제외한다.

3. 다른 업소의 제품을 비방하거나 비방하는 것으로 의심되는 광고나, 제품의 제조방법 · 품질 · 영양가 · 원재료 · 성분 또는 효과와 직접적인 관련이 적은 내용 또는 사용하지 않은 성분을 강조함으로써 다른 업소의 제품을 간접적으로 다르게 인식하게 하는 광고

② 제1항에도 불구하고 다음 각 호에 해당하는 경우에는 허위표시나 과대광고로 보지 않는다.

1. 일반음식점과 제과점에서 조리 · 제조 · 판매하는 식품에 대한 표시 · 광고

2. 신체조직과 기능의 일반적인 증진, 인체의 건전한 성장 및 발달과 건강한 활동을 유지하는 데 도움을 준다는 표시 · 광고

3. 제품에 함유된 영양성분의 기능 및 작용에 관하여 식품영양학적으로 공인된 사실

13 법조문을 전달받은 귀하는 회사 계열사들이 허위표시 및 과대광고를 하고 있는지 알아보기 위해 계열사별 광고 문구를 확인하였다. 허위표시 및 과대광고를 하지 않은 곳을 모두 고르면?

ㄱ. (○○삼계탕 식당 광고) "고단백 식품인 닭고기와 스트레스 해소에 효과가 있는 인삼을 넣은 삼계탕은 인삼, 찹쌀, 밤, 대추 등의 유효성분이 어우러져 영양의 균형을 이룬 아주 훌륭한 보양식입니다."

ㄴ. (○○라면의 표시 · 광고) "우리 회사의 라면은 폐식용유를 사용하지 않습니다."

ㄷ. (○○두부의 표시 · 광고) "건강유지 및 영양보급에 만점인 단백질을 많이 함유한 ○○두부"

ㄹ. (○○녹차의 표시 · 광고) "변비와 당뇨병 예방에 탁월한 ○○녹차"

ㅁ. (○○소시지의 표시 · 광고) "식품의약품안전처에서 인증 받은 ○○소시지"

① ㄱ, ㄴ

② ㄷ, ㅁ

③ ㄱ, ㄴ, ㄹ

④ ㄱ, ㄷ, ㅁ

14 귀하는 법조문을 받은 후, 홍보팀 동료들과 메신저를 통해 허위표시 및 과대광고를 주제로 이야기를 나누었다. 다음 중 대화 내용으로 적절하지 않은 것은?

① A : 얼마 전 어머니가 당뇨병에 좋다며 사온 건강식품도 허위표시로 봐야 하는구나.

② B : 최근 인터넷 검색을 하면 체험후기가 많은데 그것도 모두 과대광고에 속하는 거지?

③ C : 어제 구매한 운동보조식품의 경우 신체의 건강한 발달에 도움이 된다고 광고한 것도 과대광고인 거지?

④ D : 혈관성 질환에 확실히 효과가 있다고 광고하는 것도 과대광고구나.

15 8층 건물의 엘리베이터는 2층을 제외한 모든 층에서 타고 내릴 수 있다. 1층에서 출발한 엘리베이터 안에는 철수, 만수, 태영, 영수, 희수, 다희가 타고 있고, 이들은 각자 다른 층에서 내린다. 엘리베이터가 1층에서 올라가고 다희는 철수보다는 한 층 늦게 내렸지만 영수보다는 한 층 빨리 내렸다. 희수는 만수보다 한 층 더 가서 내렸고 영수보다는 3층 전에 내렸다. 그리고 영수가 마지막에 내린 것이 아닐 때, 다음 보기 중 홀수 층에서 내린 사람은?

① 영수

② 태영

③ 다희

④ 희수

16 A씨는 화씨온도를 사용하는 미국에 제품을 수출하기 위해 보관방법의 내용을 영어로 번역하려고 한다. 보관 방법 설명서에 밑줄 친 부분의 온도를 화씨온도로 올바르게 환산한 것은?

〈보관방법〉

본 제품은 수분, 열에 의한 영향에 민감하므로 열원이나 직사 광선을 피해 서늘한 곳에 보관하십시오. 온도 <u>30℃</u> 이상, 상대습도 75% 이상에서는 제품이 변형될 수 있습니다. 어린이 손에 닿지 않는 곳에 보관하십시오.

※ $℃ = \dfrac{5}{9}(℉ - 32)$

① 85℉

② 86℉

③ 87℉

④ 88℉

17 H공사의 마케팅팀 직원 A ~ G 7명이 세 대의 승용차를 나누어 타고 다른 장소로 이동하려고 한다. 다음 〈조건〉을 모두 만족하도록 차량 배치를 할 때, 가장 적절한 것은?

〈조건〉

- 세 대의 승용차를 모두 이용한다.
- 3명, 2명, 2명으로 나누어 탑승해야 한다.
- B와 D는 한 차에 탑승할 수 없다.
- E는 세 명이 탄 차에 탑승해야 한다.
- E와 F가 한 차에 탔다면 A와 C도 한 차에 타야 한다.
- A는 D와 F 중에 한 사람과는 함께 타야 한다.

① (A, D, G), (B, F), (C, E)

② (A, B, E), (C, F), (D, G)

③ (C, E, G), (B, F), (A, D)

④ (B, C, G), (A, D), (E, F)

18 H공사 기획팀은 새해 사업계획과 관련해 회의를 하고자 한다. 회의 참석자들에 대한 정보가 다음 〈조건〉과 같을 때, 회의에 참석할 사람을 모두 고르면?

─〈조건〉─

- 기획팀에는 A사원, B사원, C주임, D주임, E대리, F팀장이 있다.
- 새해 사업계획 관련 회의는 화요일 오전 10시부터 11시 30분 사이에 열린다.
- C주임은 같은 주 월요일부터 수요일까지 대구로 출장을 간다.
- 담당 업무 관련 연락 유지를 위해 B사원과 D주임 중 한 명만 회의에 참석 가능하다.
- F팀장은 반드시 회의에 참석한다.
- 새해 사업계획 관련 회의에는 주임 이상만 참여 가능하다.
- 회의에는 가능한 모든 인원이 참석한다.

① A사원, C주임, E대리　　　　　　② A사원, E대리, F팀장
③ B사원, C주임, F팀장　　　　　　④ D주임, E대리, F팀장

19 기현이는 수능이 끝난 기념으로 휴대폰을 바꾸러 대리점을 방문했다. 대리점에서 추천해 준 종류에는 A사, B사, L사, S사의 제품이 있다. 각 제품의 평점은 다음과 같고, 이를 참고하여 휴대폰을 구매하려고 한다. 기현이는 디자인을 가장 중요하게 생각하며, 그 다음으로 카메라 해상도, 가격, A/S 편리성, 방수 순으로 고려한다. 다음 중 기현이가 구매할 휴대폰은 어느 회사의 제품인가?

구분	A사	B사	L사	S사
가격	★★★☆☆	★★★★☆	★★★☆☆	★★★☆☆
디자인	★★★★☆	★★★☆☆	★★★★☆	★★★★☆
방수	★★★☆☆	★★★☆☆	★★★★★	★★★☆☆
카메라 해상도	★★★★☆	★★☆☆☆	★★★★☆	★★★★☆
케이스 디자인	★★★★★	★★☆☆☆	★★★☆☆	★★★☆☆
A/S 편리성	★★☆☆☆	★★☆☆☆	★★★★☆	★★★★☆

※ 검은색 별의 개수가 많을수록 평점이 높은 것이다.
※ 가격의 경우, 검은색 별의 개수가 많을수록 저렴한 것이다.

① A사　　　　　　② B사
③ L사　　　　　　④ S사

20 다음 창고의 물품 내역에 대해 작성한 재고량 조사표를 수정할 때, 적절한 수정 사항을 〈보기〉에서 모두 고르면?

〈창고의 물품 내역〉

- A열 : LCD 모니터 3대, 스캐너 2대, 마우스 2대
- B열 : 스피커 5대, USB 메모리 15개, 키보드 10대
- C열 : 레이저 프린터 3대, 광디스크 4개

〈재고량 조사표〉

구분	입력 장치	출력 장치	저장 장치
수량(개)	14	15	19

―――〈보기〉―――

ㄱ. 입력 장치의 수량을 12개로 한다.
ㄴ. 출력 장치의 수량을 11개로 한다.
ㄷ. 저장 장치의 수량을 16개로 한다.

---

① ㄱ   ② ㄴ
③ ㄱ, ㄷ   ④ ㄴ, ㄷ

21 다음 경영참가제도의 유형에 대한 설명 중 '자본참가'에 해당하는 사례로 옳은 것은?

① 임직원들에게 저렴한 가격으로 일정 수량의 주식을 매입할 수 있게 권리를 부여한다.
② 위원회제도를 활용하여 근로자의 경영참여와 개선된 생산의 판매가치를 기초로 성과를 배분한다.
③ 부가가치의 증대를 목표로 하여 이를 노사협력체제를 통해 달성하고, 이에 따라 증가된 생산성 향상분을 노사 간에 배분한다.
④ 천재지변의 대응, 생산성 하락, 경영성과 전달 등과 같이 단체교섭에서 결정되지 않은 사항에 대하여 노사가 서로 협력할 수 있도록 한다.

22 다음 중 팀에 대한 설명으로 옳지 않은 것은?

① 구성원들이 공동의 목표를 성취하기 위하여 서로 기술을 공유하고 공동으로 책임을 지는 집단이다.
② 다른 집단들에 비해 구성원들의 개인적 기여를 강조하지 않으며, 개인적 책임뿐만 아니라 상호 공동책임을 중요시한다.
③ 다른 집단과 비교하여 팀에서는 자율성을 가지고 스스로 관리하는 경향이 있다.
④ 팀은 생산성을 높이고 의사결정을 신속하게 내리며 구성원들의 다양한 창의성 향상을 도모하기 위하여 조직된다.

23 해외공항이나 국제기구 및 정부당국 등과 교육협약(MOU)을 맺고 이를 관리하는 업무를 담당하는 글로벌교육팀의 K팀장은 업무와 관련하여 팀원들이 글로벌 경쟁력을 갖출 수 있도록 글로벌 매너에 대해 교육하고자 한다. 다음 중 팀원들에게 교육해야 할 글로벌 매너로 적절하지 않은 것은?

① 미국 사람들은 시간엄수를 중요하게 생각한다.

② 아랍 국가 사람들은 약속한 시간이 지나도 상대방이 당연히 기다려줄 것으로 생각한다.

③ 아프리카 사람들과 이야기할 때는 눈을 바라보며 대화하는 것이 예의이다.

④ 미국 사람들과 인사를 하거나 이야기할 때는 적당한 거리를 유지하는 것이 좋다.

24 다음 중 의사결정과정에 대한 설명으로 가장 적절한 것은?

① 확인단계는 의사결정이 필요한 문제를 인식하는 것으로, 외부환경의 변화나 내부에서 문제가 발생했을 시 이루어진다.

② 개발단계는 문제의 심각성에 따라 체계적으로 이루어지기도 하고 비공식적으로 이루어지기도 한다.

③ 진단단계는 기존 해결방법 중에서 새로운 문제의 해결방법을 찾는 탐색과정이다.

④ 선택단계는 의사결정자들이 모호한 해결방법만을 가지고 있기 때문에 다양한 의사결정기법을 통하여 시행착오적 과정을 거치면서 적합한 해결방법을 찾아나가는 것이다.

25 다음 회의록을 참고할 때, 고객지원팀의 강대리가 해야 할 일로 적절하지 않은 것은?

〈회의록〉			
회의일시	2023년 ○○월 ○○일	부서	기획팀, 시스템개발팀, 고객지원팀
참석자	기획팀 김팀장, 박대리 / 시스템개발팀 이팀장, 김대리 / 고객지원팀 유팀장, 강대리		
회의안건	홈페이지 내 이벤트 신청 시 발생하는 오류로 인한 고객 불만에 따른 대처방안		
회의내용	• 홈페이지 고객센터 게시판 내 이벤트 신청 오류 관련 불만 글 확인 • 이벤트 페이지 내 오류 발생 원인에 대한 확인 필요 • 상담원의 미숙한 대응으로 고객들의 불만 증가(대응 매뉴얼 부재) • 홈페이지 고객센터 게시판에 사과문 게시 • 고객 불만 대응 매뉴얼 작성 및 이벤트 신청 시스템 개선 • 추후 유사한 이벤트 기획 시 기획안 공유 필요		

① 민원 처리 및 대응 매뉴얼 작성

② 상담원 대상으로 CS 교육 실시

③ 홈페이지 내 사과문 게시

④ 오류 발생 원인 확인 및 신청 시스템 개선

26 다음 사례를 읽고 A씨의 행동을 미루어 볼 때, 피드백으로 가장 적절한 것은?

> A씨는 2년 차 직장인이다. 그러나 같은 날 입사했던 동료들과 비교하면 좋은 평가를 받지 못하고 있다. 요청받은 업무를 진행하는 데 있어 마감일을 늦추는 일이 허다하고, 주기적인 업무도 누락하는 경우가 많기 때문이다. 이는 자신이 앞으로 해야 할 일에 대해서 계획을 수립하지 않고 즉흥적으로 처리하거나 주변에서 급하다고 요청이 오면 그제야 업무를 진행하기 때문이다. 그로 인해 본인의 업무뿐만 아니라 주변 사람들의 업무도 늦어지거나 과중되는 결과를 낳아 업무의 효율성이 떨어지게 되었다.

① 업무를 진행할 때 계획적으로 접근한다면 좋은 평가를 받을 수 있을 거야.
② 너무 편한 방향으로 업무를 처리하면 불필요한 낭비가 발생할 수 있어.
③ 시간도 중요한 자원 중의 하나라는 인식이 필요해.
④ 자원관리에 대한 노하우를 쌓는다면 충분히 극복할 수 있어.

27 다음과 같은 상황에서 A과장이 취할 수 있는 가장 좋은 행동(Best)과 가장 좋지 않은 행동(Worst)을 바르게 묶은 것은?

> A과장은 동료 직원과 공동으로 맡은 프로젝트가 있다. 내일까지 E차장에게 프로젝트의 업무 보고서를 작성해서 제출해야 한다. 또한 A과장은 오늘 점심식사 후에 있을 회의 자료도 준비해야 한다. 회의 시작까지 남은 시간은 3시간이고, 프로젝트 업무 보고서 제출기한은 내일 오전 중이다.

구분	행동
⊙	동료 직원과 업무 보고서에 관해 논의한 뒤 분담해 작성한다.
ⓒ	동료 직원의 업무 진행상황을 묻고 우선순위를 논의한 뒤 회의 자료를 준비한다.
ⓒ	다른 팀 사원에게 상황을 설명하고 도움을 요청한 뒤 회의 자료를 준비한다.
ⓔ	회의 자료를 준비한 뒤 동료와 업무 진행 상황을 논의해 우선순위를 정하고, 업무 보고서를 작성한다.

① Best : ⊙, Worst : ⓒ
② Best : ⓒ, Worst : ⓔ
③ Best : ⓒ, Worst : ⊙
④ Best : ⓔ, Worst : ⊙

28 인사담당자 B는 채용설명회를 준비하며 포스터를 만들려고 한다. 다음 제시된 인재상을 실제 업무환경과 관련지어 포스터에 문구를 삽입하려고 할 때, 들어갈 문구로 옳지 않은 것은?

인재상	업무환경
1. 책임감	1. 토요 격주 근무
2. 고객지향	2. 자유로운 분위기
3. 열정	3. 잦은 출장
4. 목표의식	4. 고객과 직접 대면하는 업무
5. 글로벌 인재	5. 해외지사와 업무협조

① 고객을 최우선으로 생각하고 행동하는 인재
② 자기 일을 사랑하고 책임질 수 있는 인재
③ 어느 환경에서도 잘 적응할 수 있는 인재
④ 중압적인 분위기를 잘 이겨낼 수 있는 열정적인 인재

29 H공사 직원들은 이번 달 개관하는 해양환경체험관 홍보 방안을 모색하기 위해 한 자리에 모여서 회의를 하고 있다. 다음 중 회의에 임하는 태도로 적절하지 않은 직원은?

> O계장 : 이번 달 개관하는 해양환경체험관 홍보 방안으로는 뭐가 있을까요? 의견이 있으면 주저하지 말고 뭐든지 말씀해 주세요.
>
> J사원 : 저는 조금은 파격적인 이벤트 같은 게 있었으면 좋겠어요. 예를 들면 곧 할로윈이니까, 체험관 내부를 할로윈 분위기로 꾸민 다음에 가면이나 가발 같은 걸 비치해두고, 고객들이 인증샷을 찍으면 저희 공단에서 제작한 선물을 주는 건 어떨까 싶어요.
>
> D주임 : 그건 좀 실현가능성이 없지 싶은데요. 그보다는 SNS로 이벤트 응모를 받아서 기프티콘 사은품을 쓰는 이벤트가 현실적이겠어요.
>
> C과장 : 가능성 여부를 떠나서 아이디어는 많을수록 좋으니 반박하지 말고 이야기하세요.
>
> H사원 : 의견 주시면 제가 전부 받아 적었다가 한꺼번에 정리하도록 할게요.

① J사원   ② D주임
③ C과장   ④ H사원

30 귀하는 H공단 인사총무팀에 근무하는 T사원이다. 귀하는 다음과 같은 업무 리스트를 작성한 뒤 우선순위에 맞게 재배열하려고 한다. 업무 리스트를 보고 귀하가 한 생각으로 적절하지 않은 것은?

〈2022년 12월 26일 인사총무팀 사원 T의 업무 리스트〉

• 인사총무팀 회식(1월 4일) 장소 예약 확인
• 공단 창립 기념일(1월 13일) 행사 준비
• 경영1팀 비품 주문 [월요일에 배송될 수 있도록 오늘 내 반드시 발주할 것]
• 이번 주 토요일(12월 31일) 당직 근무자 명단 확인 [업무 공백 생기지 않도록 주의]
• 1월 2일자 신입사원 면접 날짜 유선 안내 및 면접 가능 여부 확인

① 회사 창립 기념일 행사는 전 직원이 다 참여하는 큰 행사인 만큼 가장 첫 번째 줄에 배치해야겠다.
② 경영1팀 비품 주문 후 회식 장소 예약을 확인해야겠다.
③ 신입사원 면접 안내는 여러 변수가 발생할 수 있으니 서둘러 준비해야겠다.
④ 신입사원 면접 안내 통보 후 연락이 안 된 면접자들을 따로 추려서 다시 연락을 취해야겠다.

31 다음 중 엑셀의 하이퍼링크에 대한 설명으로 옳지 않은 것은?

① 단추에는 하이퍼링크를 지정할 수 있지만 도형에는 지정할 수 없다.
② 셀의 값이나 그래픽 개체에 다른 파일 또는 웹 페이지로 연결되게 하는 기능이다.
③ 다른 통합 문서에 있는 특정 시트의 특정 셀로 하이퍼링크를 지정할 수 있다.
④ 특정 웹사이트로 하이퍼링크를 지정할 수 있다.

32 다음 엑셀의 단축키 중 한 셀에 두 줄 이상 입력하기 위한 '줄 바꿈'의 단축키로 적절한 것은?

① [Alt]+[Enter]   ② [Ctrl]+[N]
③ [Alt]+[F1]   ④ [Ctrl]+[Enter]

33 아래 시트에서 [E2:E7] 영역처럼 표시하려고 할 때, [E2] 셀에 입력할 수식으로 옳은 것은?

◢	A	B	C	D	E
1	순번	이름	주민등록번호	생년월일	백넘버
2	1	박민석 11	831121-1092823	831121	11
3	2	최성영 20	890213-1928432	890213	20
4	3	이형범 21	911219-1223457	911219	21
5	4	임정호 26	870211-1098432	870211	26
6	5	박준영 28	850923-1212121	850923	28
7	6	김민욱 44	880429-1984323	880429	44

① =MID(B2,5,2) ② =LEFT(B2,2)
③ =RIGHT(B2,5,2) ④ =MID(B2,5)

34 엑셀에서 차트를 작성할 때 차트 마법사를 이용할 경우 차트 작성 순서를 순서대로 바르게 나열한 것은?

> ㉠ 작성할 차트 중 차트 종류를 선택하여 지정한다.
> ㉡ 데이터 범위와 계열을 지정한다.
> ㉢ 차트를 삽입할 위치를 지정한다.
> ㉣ 차트 옵션을 설정한다.

① ㉠ → ㉡ → ㉢ → ㉣ ② ㉠ → ㉡ → ㉣ → ㉢
③ ㉡ → ㉢ → ㉣ → ㉠ ④ ㉡ → ㉠ → ㉣ → ㉢

35 다음은 조직심리학 수업을 수강한 학생들의 성적이다. 최종점수는 중간과 기말의 평균점수 90%, 출석점수 10%가 반영된다. 최종점수를 높은 순으로 나열했을 때, 1 ~ 2등은 A, 3 ~ 5등은 B, 나머지는 C를 받는다. 최종점수, 등수, 등급을 엑셀의 함수기능을 이용하여 작성하려고 할 때, 사용하는 함수가 아닌 것은?(단, 최종점수는 소수점 둘째 자리에서 반올림한다)

	A	B	C	D	E	F	G
1	이름	중간	기말	출석	최종점수	등수	등급
2	유재석	97	95	10	87.4	1	A
3	김종국	92	89	10	82.5	3	B
4	이광수	65	96	9	73.4	5	B
5	전소민	77	88	8	75.1	4	B
6	지석진	78	75	8	69.7	6	C
7	하하	65	70	7	61.5	7	C
8	송지효	89	95	10	83.8	2	A

① IFS
② AVERAGE
③ RANK
④ AVERAGEIFS

36 H공단 총무부에서 근무하는 S사원은 워드프로세서 프로그램을 사용해 결재 문서를 작성해야 하는데, 결재란을 페이지마다 넣고 싶다. 다음 중 S사원이 사용해야 하는 워드프로세서 기능은?

① 스타일
② 쪽 번호
③ 미주
④ 머리말

37 컴퓨터 시스템 구성요소 중 다음 설명에 해당하는 것은?

- 'Main Memory'라고 불린다.
- CPU 가까이에 위치하며 반도체 기억장치 칩들로 고속 액세스가 가능하다.
- 가격이 높고 면적을 많이 차지한다.
- 저장 능력이 없으므로 프로그램 실행 중 일시적으로 사용이 가능하다.

① 중앙처리장치
② 주기억장치
③ 보조저장장치
④ 입출력장치

38 H공사에 새로 입사하게 된 A사원은 업무를 시작하기 위해 컴퓨터를 사용하려고 했으나, 다음과 같은 문제가 발생하여 관리팀에 문의를 하였다. 빈칸에 들어갈 적절한 해결방법이 아닌 것은?

> A사원 : 안녕하세요. 인사부 신입사원 ○○○입니다. 새로 배정받은 컴퓨터를 켰을 때, 하드디스크가 인식되지 않는다는 경고가 떴네요. 어떻게 조치하면 됩니까?
>
> 관리팀 : 네, 우선 ＿＿＿＿＿＿＿＿＿＿＿＿＿＿＿＿＿을/를 해보세요.
>
> A사원 : 알려주신 방법으로 조치하니 제대로 작동합니다. 감사합니다.

① 메인보드와 연결하는 케이블의 접촉이 불량인지 확인
② 디스크 정리 프로그램을 실행시켜 불필요한 프로그램의 제거
③ 외부의 충격으로 하드디스크가 고장이 나지 않았는지 확인
④ CMOS Setup에서 하드디스크 설정이 올바르게 되어 있는지 확인

39 다음 중 파워포인트 도형에 대한 설명으로 옳지 않은 것은?

① 타원의 경우 도형 선택 후 [Shift] 버튼을 누르고 드래그하면 정원으로 크기 조절이 가능하다.
② 도형 선택 후 [Shift] 버튼을 누르고 도형을 회전시키면 30° 간격으로 회전시킬 수 있다.
③ 타원을 중심에서부터 정비례로 크기를 조절하려면 [Ctrl]＋[Shift] 버튼을 함께 누른 채 드래그한다.
④ 도형 선택 후 [Ctrl]＋[D] 버튼을 누르면 크기와 모양이 같은 도형이 일정한 간격으로 반복해서 나타난다.

40 다음 시트에서 [D2:D7] 영역처럼 표시하려고 할 때, [D2] 셀에 입력할 수식으로 옳은 것은?

	A	B	C	D
1	성명	주민등록번호	생년월일	성별
2	문혜정	961208-2111112	961208	여성
3	김성현	920511-1222222	920511	남성
4	신미숙	890113-2333333	890113	여성
5	이승훈	901124-1555555	901124	남성
6	최문섭	850613-1666666	850613	남성
7	성은미	000605-4777777	000605	여성

① ＝IF(B2＝"1","여성","남성")
② ＝IF(LEFT(B2,1)＝"1","여성","남성")
③ ＝IF(TEXT(B2,1)＝"1","여성","남성")
④ ＝IF(MID(B2,8,1)＝"1","남성","여성")

41 둘레가 456m인 호수 둘레를 따라 가로수가 4m 간격으로 일정하게 심겨 있다. 출입구에 심겨 있는 가로수를 기준으로 6m 간격으로 재배치하려고 할 때, 새롭게 옮겨 심어야 하는 가로수는 최소 몇 그루인가?(단, 불필요한 가로수는 제거한다)

① 38그루   ② 37그루
③ 36그루   ④ 35그루

42 A, B, C 세 명의 친구가 가위바위보를 할 때, 세 번 안에 한 명의 승자가 정해질 확률은?(단, 패자는 제외하지 않는다)

① $\dfrac{5}{2}$ ② $\dfrac{1}{3}$
③ $\dfrac{1}{21}$ ④ $\dfrac{19}{27}$

43 컴퓨터 정보지수는 컴퓨터 이용지수, 활용지수, 접근지수의 합으로 구할 수 있다. 컴퓨터 정보지수는 500점 만점이고 하위 항목의 구성이 〈보기〉와 같을 때, 컴퓨터 정보지수 중 정보수집률은 몇 점인가?

───────〈보기〉───────
- (컴퓨터 정보지수)=[컴퓨터 이용지수(40%)]+[컴퓨터 활용지수(20%)]+[컴퓨터 접근지수(40%)]
- (컴퓨터 이용지수)=[이용도(50%)]+[접근가능성(50%)]
- (컴퓨터 활용지수)=[컴퓨터활용능력(40%)]+[정보수집률(20%)]+[정보처리력(40%)]
- (컴퓨터 접근지수)=[기기보급률(50%)]+[기회제공률(50%)]

① 5점   ② 10점
③ 15점   ④ 20점

44 H물산은 생산한 제품 1,000개를 백화점과 직영점에 모두 납품한다. 전체 제품 중 60%가 백화점에 납품되며, 납품 제품의 총 가격은 36,000원이다. 판매 시즌이 종료되면 백화점은 납품받은 제품 중 30%, 직영점은 70%를 재고 이월 상품으로 아웃렛으로 보내 판매한다. 아웃렛에서 판매하는 제품의 가격은 총 얼마인가?(단, 직영점과 백화점에 납품하는 가격은 동일하고, 아웃렛에 보내는 가격도 변하지 않는다)

① 31,200원   ② 27,600원
③ 25,200원   ④ 21,600원

45 가영이는 찬형이에게 2시간 뒤에 돌아올 때까지 2,400L의 물이 들어가는 수영장에 물을 가득 채워 달라고 했다. 찬형이는 1분에 20L의 물을 채우면 수영장이 2시간 안에 가득 채워지는 것을 알고, 1분에 20L의 물을 채우기 시작했다. 그런데 20분이 지난 후, 수영장 안을 살펴보니 금이 가 있어서 수영장의 $\frac{1}{12}$ 밖에 차지 않았다. 가영이가 돌아왔을 때 수영장에 물이 가득 차 있으려면 찬형이는 남은 시간 동안 1분에 최소 몇 L 이상의 물을 더 부어야 하는가?

① 29L

② 30L

③ 31L

④ 32L

46 다음은 2022년 하반기 부동산시장 소비심리지수에 대한 자료이다. 이에 대한 설명으로 옳지 않은 것은?

〈2022년 하반기 부동산시장 소비심리지수〉

구분	7월	8월	9월	10월	11월	12월
서울특별시	128.8	130.5	127.4	128.7	113.8	102.8
인천광역시	123.7	127.6	126.4	126.6	115.1	105.6
경기도	124.1	127.2	124.9	126.9	115.3	103.8
부산광역시	126.5	129.0	131.4	135.9	125.5	111.5
대구광역시	90.3	97.8	106.5	106.8	99.9	96.2
광주광역시	115.4	116.1	114.3	113.0	109.3	107.0
대전광역시	115.8	119.4	120.0	126.8	118.5	113.8
울산광역시	101.2	106.0	111.7	108.8	105.3	95.5
강원도	135.3	134.1	128.3	131.4	124.4	115.5
충청북도	109.1	108.3	108.8	110.7	103.6	103.1
충청남도	105.3	110.2	112.6	109.6	102.1	98.0
전라북도	114.6	117.1	122.6	121.0	113.8	106.3
전라남도	121.7	123.4	120.7	124.3	120.2	116.6
경상북도	97.7	100.2	100.0	96.4	94.8	96.3
경상남도	103.3	108.3	115.7	114.9	110.0	101.5

※ 부동산시장 소비심리지수는 0 ～ 200의 값으로 표현되며, 지수가 100을 넘으면 전월에 비해 가격상승 및 거래증가 응답자가 많음을 의미한다.

① 2022년 7월 소비심리지수가 100 미만인 지역은 두 곳이다.

② 서울특별시의 2022년 7월 대비 2022년 12월의 소비심리지수 감소율은 19% 미만이다.

③ 2022년 11월 모든 지역의 소비심리지수가 전월보다 감소했다.

④ 2022년 9월에 비해 2022년 10월에 가격상승 및 거래증가 응답자가 적었던 지역은 경상북도 한 곳이다.

47 다음은 H대학교의 적성고사 평가 방법을 안내한 자료이다. H대학교 적성고사를 본 A ~ E의 틀린 문항 수가 〈보기〉와 같을 때, A ~ E의 평균 점수는?

〈H대학교 적성고사 평가 방법〉

계열	산출 공식
인문계열	(국어 20문항×4점)+(수학 20문항×3점)+(영어 10문항×3점)+기본점수 230점=400점
자연계열	(국어 20문항×3점)+(수학 20문항×4점)+(영어 10문항×3점)+기본점수 230점=400점

―〈보기〉―

〈A ~ E의 적성고사 틀린 문항 수〉

구분	계열	국어	수학	영어
A	인문계열	2개	3개	5개
B	자연계열	3개	7개	2개
C	인문계열	8개	6개	4개
D	인문계열	3개	9개	7개
E	자연계열	1개	2개	4개

① 354점　　　　　　　　　　② 356점
③ 358점　　　　　　　　　　④ 360점

48 다음은 국가별 연구비에 대한 부담원과 사용조직을 나타낸 자료이다. 이에 대한 설명으로 옳은 것은?

〈국가별 연구비 부담원 및 사용조직〉

(단위 : 억 엔)

부담원	사용조직＼국가	일본	미국	독일	프랑스	영국
정부	정부	8,827	33,400	6,590	7,227	4,278
	산업	1,028	71,300	4,526	3,646	3,888
	대학	10,921	28,860	7,115	4,424	4,222
산업	정부	707	0	393	52	472
	산업	81,161	145,000	34,771	11,867	16,799
	대학	458	2,300	575	58	322

① 독일 정부가 부담하는 연구비는 미국 정부가 부담하는 연구비의 약 절반이다.
② 정부 부담 연구비 중에서 산업 조직의 사용 비율이 가장 높은 나라는 프랑스이다.
③ 산업이 부담하는 연구비를 산업 조직이 가장 높은 비율로 사용하는 나라는 프랑스이다.
④ 미국의 대학이 사용하는 연구비는 일본의 대학이 사용하는 연구비의 두 배 미만이다.

49 다음은 A, B 두 지역의 평균기온과 강수량을 나타낸 자료이다. 이를 그래프로 나타낼 때 옳지 않은 것은?

〈A지역 평균기온 및 강수량〉

구분	평균기온(℃)	강수량(mm)
1월	−5.0	22
2월	−3.2	25
3월	0	35
4월	6.5	41
5월	11.4	80
6월	16.7	105
7월	20.5	120
8월	23.8	157
9월	19.5	112
10월	11.4	64
11월	1.0	55
12월	−4.8	29

〈B지역 평균기온 및 강수량〉

구분	평균기온(℃)	강수량(mm)
1월	−1.2	30
2월	0.5	25
3월	5.7	34
4월	12.4	55
5월	17.9	90
6월	24.0	104
7월	30.1	180
8월	33.6	200
9월	35.4	152
10월	24.1	84
11월	18.4	36
12월	10.0	26

① A지역 평균기온 및 강수량

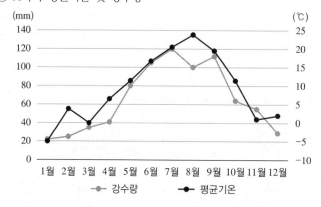

② B지역 평균기온 및 강수량

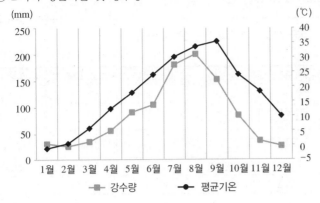

③ A, B지역 월별 강수량

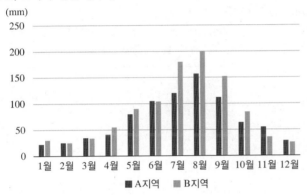

④ A, B지역 월별 평균기온

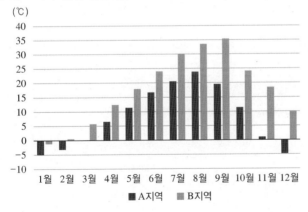

50 다음은 연구개발비에 대한 자료이다. 이에 대한 〈보기〉 중 옳은 것을 모두 고르면?

〈주요 산업국 연도별 연구개발비 추이〉

(단위 : U.S 백만 달러)

구분	2017년	2018년	2019년	2020년	2021년	2022년
한국	23,587	28,641	33,684	31,304	29,703	37,935
중국	29,898	37,664	48,771	66,430	84,933	–
일본	151,270	148,526	150,791	168,125	169,047	–
독일	69,317	73,737	84,148	97,457	92,552	92,490
영국	39,421	42,693	50,016	47,138	40,291	39,924
미국	325,936	350,923	377,594	403,668	401,576	–

〈보기〉

ㄱ. 2021년에 전년 대비 연구개발비가 감소한 곳은 4개국이다.

ㄴ. 2017년 대비 2021년의 연구개발비 증가율이 가장 높은 곳은 중국이고, 가장 낮은 곳은 일본이다.

ㄷ. 전년 대비 2019년 한국의 연구개발비 증가율은 독일보다 높고, 중국보다 낮다.

① ㄱ, ㄴ
② ㄱ, ㄷ
③ ㄴ, ㄷ
④ ㄱ, ㄴ, ㄷ

제2회
해양환경공단

NCS
직업기초능력평가

〈문항 및 시험시간〉

평가영역	문항 수	시험시간	모바일 OMR 답안채점/성적분석 서비스
의사소통+문제해결+조직이해+정보+수리	50문항	50분	

제2회 모의고사

문항 수 : 50문항
응시시간 : 50분

01 다음 글의 중심 주제로 가장 적절한 것은?

맹자는 다음과 같은 이야기를 전한다. 송나라의 한 농부가 밭에 나갔다 돌아오면서 처자에게 말한다. "오늘 일을 너무 많이 했다. 밭의 싹들이 빨리 자라도록 하나하나 잡아당겨줬더니 피곤하구나." 아내와 아이가 밭에 나가보았더니 싹들이 모두 말라 죽어 있었다. 이렇게 자라는 것을 억지로 돕는 일, 즉 조장(助長)을 하지 말라고 맹자는 말한다. 싹이 빨리 자라기를 바란다고 싹을 억지로 잡아 올려서는 안 된다. 목적을 이루기 위해 가장 빠른 효과를 얻고 싶겠지만 이는 도리어 효과를 놓치는 길이다. 억지로 효과를 내려고 했기 때문이다. 싹이 자라기를 바라 싹을 잡아당기는 것은 이미 시작된 과정을 거스르는 일이다. 효과가 자연스럽게 나타날 가능성을 방해하고 막는 일이기 때문이다. 당연히 싹의 성장 가능성은 땅 속의 씨앗에 들어있는 것이다. 개입 하고 힘을 쏟고자 하는 대신에 이 잠재력을 발휘할 수 있도록 하는 것이 중요하다.
피해야 할 두 개의 암초가 있다. 첫째는 싹을 잡아당겨서 직접적으로 성장을 이루려는 것이다. 이는 목적성이 있는 적극적 행동주의로써 성장의 자연스러운 과정을 존중하지 않는 것이다. 달리 말하면 효과가 숙성되도록 놔두지 않는 것이다. 둘째는 밭의 가장자리에 서서 자라는 것을 지켜보는 것이다. 싹을 잡아당겨서도 안 되고 그렇다고 단지 싹이 자라는 것을 지켜만 봐서도 안 된다. 그렇다면 무엇을 해야 하는가? 싹 밑의 잡초를 뽑고 김을 매주는 일을 해야 하는 것이다. 경작이 용이한 땅을 조성하고 공기를 통하게 함으로써 성장을 보조해야 한다. 기다리지 못함도 삼가고 아무것도 안함도 삼가야 한다. 작동 중에 있는 자연스런 성향이 발휘되도록 기다리면서도 전력을 다할 수 있도록 돕는 노력도 멈추지 말아야 한다.

① 인류사회는 자연의 한계를 극복하려는 인위적 노력에 의해 발전해 왔다.
② 싹이 스스로 성장하도록 그대로 두는 것이 수확량을 극대화하는 방법이다.
③ 어떤 일을 진행할 때 가장 중요한 것은 명확한 목적성을 설정하는 것이다.
④ 잠재력을 발휘하도록 하려면 의도적 개입과 방관적 태도 모두를 경계해야 한다.

우리는 우리가 생각한 것을 말로 나타낸다. 또 다른 사람의 말을 듣고, 그 사람이 무슨 생각을 가지고 있는가를 짐작한다. 그러므로 생각과 말은 서로 떨어질 수 없는 깊은 관계를 가지고 있다.

그러면 말과 생각이 얼마만큼 깊은 관계를 가지고 있을까? 이 문제를 놓고 사람들은 오랫동안 여러 가지 생각을 하였다. 그 가운데 가장 두드러진 것이 두 가지 있다. 그 하나는 말과 생각이 서로 꼭 달라붙은 쌍둥이인데 한 놈은 생각이 되어 속에 감추어져 있고 다른 한 놈은 말이 되어 사람 귀에 들리는 것이라는 생각이다. 다른 하나는 생각이 큰 그릇이고 말은 생각 속에 들어가는 작은 그릇이어서 생각에는 말 이외에도 다른 것이 더 있다는 생각이다.

이 두 가지 생각 가운데서 앞의 것은 조금만 깊이 생각해 보면 틀렸다는 것을 즉시 깨달을 수 있다. 우리가 생각한 것은 거의 대부분 말로 나타낼 수 있지만, 누구든지 가슴 속에 응어리진 어떤 생각이 분명히 있기는 한데 그것을 어떻게 말로 표현해야 할지 애태운 경험을 가지고 있을 것이다. 이것 한 가지만 보더라도 말과 생각이 서로 안팎을 이루는 쌍둥이가 아님은 쉽게 판명된다.

인간의 생각이라는 것은 매우 넓고 큰 것이며, 말이란 결국 생각의 일부분을 주워 담는 작은 그릇에 지나지 않는다. 그러나 아무리 인간의 생각이 말보다 범위가 넓고 큰 것이라고 하여도 그것을 가능한 한 말로 바꾸어 놓지 않으면 그 생각의 위대함이나 오묘함이 다른 사람에게 전달되지 않기 때문에 생각이 형님이요, 말이 동생이라고 할지라도 생각은 동생의 신세를 지지 않을 수가 없게 되어 있다.

① 말이 통하지 않아도 생각은 얼마든지 전달될 수 있다.
② 생각을 드러내는 가장 직접적인 수단은 말이다.
③ 말은 생각이 바탕이 되어야 생산될 수 있다.
④ 말과 생각은 서로 영향을 주고받는 긴밀한 관계를 유지한다.

03 다음 글을 읽고 4D 프린팅으로 구현할 수 있는 제품으로 가장 적절한 것은?

3D 프린팅을 넘어 4D 프린팅이 차세대 블루오션 기술로 주목받고 있다. 스스로 크기와 모양을 바꾸는 등 이제껏 없던 전혀 새로운 방식의 제품 설계가 가능하기 때문이다. 4D 프린팅은 3D 프린팅에 '시간'이라는 한 차원(Dimension)을 추가한 개념으로, 시간의 경과, 온도의 변화 등 특정 상황에 놓일 경우 4D 프린팅 출력물의 외형과 성질이 변한다. 변화의 비결은 자가 변형이 가능한 '스마트 소재'의 사용에 있는데, 가열하면 본래 형태로 돌아오는 '형상기억합금'이 대표적인 스마트 소재이다.

4D 프린팅은 외부 환경의 변화에 따라 형태를 바꾸는 것은 물론 별다른 동력 없이도 움직일 수 있어 활용 가능성이 넓다. 이는 4D 프린팅이 3D 프린팅의 '크기' 한계를 넘었기 때문이다. 현재 3D 프린팅으로 건물을 찍어내기 위해서는 건물과 같은 크기의 3D 프린터가 있어야 하지만 4D 프린팅은 그렇지 않다. 소형으로 압축 출력한 스마트 소재가 시간이 지나면서 건물 한 동 크기로 쑥쑥 자라날 수 있는 것이다. 즉, 자동차가 로봇으로 변하는 '트랜스포머' 로봇도 4D 프린팅으로 구현이 가능하다.

패션·디자인·의료·인프라 등 다양한 분야에서 혁신 제품들을 하나둘 선보이고 있다. 미국 디자인 업체 '너브스시스템'이 4D 프린팅으로 옷·장신구·장식품 등을 제작하는 '키네마틱스 프로젝트' 기획도 그중 하나이다. 2016년 너브스시스템은 3D 프린팅으로 만든 드레스와 그 제작 과정을 선보였는데, 프린터에서 출력될 때는 평면이었던 드레스가 시간이 지나면서 입체적인 형태를 이루었다.

색깔이 변하는 4D 프린팅은 디자인뿐만 아니라 국민 안전 차원에서도 유용할 것으로 보인다. 한 연구원은 "미세먼지, 방사선 노출 등 국민 생활안전 이슈가 점차 중요해지면서 색상 변환 4D 프린팅이 유망할 것으로 본다. 일상이나 작업 환경에 배치한 4D 소재가 오염 정도에 따라 자극을 일으켜 위험 신호를 주는 형태로 활용 가능할 것"이라고 분석했다.

하지만 3D 프린팅 시장도 제대로 형성되지 않은 현시점에서 4D 프린팅 상용화를 논하기에는 아직 갈 길이 멀다. 워낙 역사 자체가 짧기 때문이다. 시장조사 전문기관의 평가도 이와 다르지 않다. 2016년 발표한 '3D 프린팅 사이클'에서 4D 프린팅은 아직 '기술 태동 단계(Innovation Trigger)'에 불과하다고 전망했다. 연구 개발을 이제 막 시작하는 수준이라는 이야기이다.

① 줄기세포와 뼈 형성 단백질 등을 재료로 사용하여 혈관조직을 내·외부로 분포시킨 뼈 조직
② 프린터 내부 금형에 액체 섬유 용액을 부어 만든 옷
③ 사용자 얼굴의 형태에 맞춘 세상에 단 하나뿐인 주문형 안경
④ 열에 반응하는 소재를 사용하여 뜨거운 물에 닿으면 닫히고 열이 식으면 열리는 수도 밸브

04 다음 문장들을 논리적 순서대로 바르게 나열한 것은?

> (가) 여름에는 찬 음식을 많이 먹거나 냉방기를 과도하게 사용하는 경우가 많은데, 그렇게 되면 체온이 떨어져 면역력이 약해지기 때문이다.
> (나) 만약 감기에 걸렸다면 탈수로 인한 탈진을 방지하기 위해 수분을 충분히 섭취해야 한다.
> (다) 특히 감기로 인해 열이 나거나 기침을 할 때에는 따뜻한 물을 여러 번에 나누어 먹는 것이 좋다.
> (라) 여름철 감기를 예방하기 위해서는 찬 음식은 적당히 먹어야 하고, 냉방기에 장시간 노출되는 것을 피해야 하며, 충분한 휴식을 취하고, 집에 돌아온 후에는 손발을 꼭 씻어야 한다.
> (마) 일반적으로 감기는 겨울에 걸린다고 생각하지만 의외로 여름에도 감기에 걸린다.

① (가) – (라) – (다) – (마) – (나)
② (마) – (다) – (라) – (나) – (가)
③ (가) – (다) – (나) – (라) – (마)
④ (마) – (가) – (라) – (나) – (다)

05 다음 중 글쓴이가 자신의 주장을 전개한 방식은?

> '새로운 진실을 밝힌다는 것'은 세계 전체의 범위를 두고 하는 말이다. 학문은 전 세계 누구도 모르고 있던 진실을 밝혀 새로운 지식을 만들어내는 제조업이다. 이미 만들어진 지식을 전달하고 보급하는 유통업은 학문이 아니다. 그러나 제조업은 유통업의 도움이 필요하며, 유통업의 기여를 무시할 수 없다. 그러나 기여하는 바가 크다 하더라도 유통업을 제조업으로 간주할 수는 없다. 마치 외국 학문의 최신 동향을 신속하고 정확하게 소개하는 것을 자랑으로 삼는 사람을 학자라고 할 수는 없는 것처럼 말이다. 즉, 지식의 제조업과 유통업은 서로 다른 활동이다. 학문을 위한 경쟁에는 국내 경기가 없고 국제 경기밖에 없다.
> 외국에서는 관심을 가지기 어려운 우리 국학의 연구 업적이라도 보편적인 원리 발견에 얼마나 기여했는가에 따라 평가해야 함이 마땅하다. 남들의 학설을 소개하는 데 그치고 자기 관점에서 창의적인 논의를 전개하지는 않거나, 새로운 자료를 발견했다고 자랑하면서 자료의 의의를 논증하는 연구를 하지 않는 것은 둘 다 학문의 영역에서 벗어나 있는 장외 경기에 지나지 않는다.

① 참인 전제를 활용하여 간접추리 방식으로 결론을 도출했다.
② 각종 예시를 통해 드러난 사실을 하나로 통합했다.
③ 비유와 상징으로 주장을 우회적으로 드러냈다.
④ 예상되는 반론을 하나씩 물리침으로써 주장을 강화했다.

06 다음 중 어휘를 바르게 사용한 문장은?

① 라면 곱배기를 먹었더니 배가 너무 부르다.
② 뚝배기에 담겨 나와서 시간이 지나도 식지 않았다.
③ 열심히 하는 것은 좋은데 촛점이 틀렸다.
④ 몸이 너무 약해서 보약을 다려 먹어야겠다.

07 다음 글을 읽고 질문에 대한 답을 찾을 수 없는 것은?

해안에서 밀물에 의해 해수가 해안선에 제일 높게 들어온 곳과 썰물에 의해 제일 낮게 빠진 곳의 사이에 해당하는 부분을 조간대라고 한다. 지구상에서 생물이 살기에 열악한 환경 중 한 곳이 바로 이 조간대이다. 이곳의 생물들은 물에 잠겨 있을 때와 공기 중에 노출될 때라는 상반된 환경에 삶을 맞춰야 한다. 또한 갯바위에 부서지는 파도의 파괴력도 견뎌내야 한다. 빗물이라도 고이면 민물이라는 환경에 적응해야 하며, 강한 햇볕으로 바닷물이 증발하고 난 다음에는 염분으로 범벅된 몸을 추슬러야 한다. 이러한 극단적이고 변화무쌍한 환경에 적응할 수 있는 생물만이 조간대에서 살 수 있다.

조간대는 높이에 따라 상부, 중부, 하부로 나뉜다. 바다로부터 가장 높은 곳인 상부는 파도가 강해야만 물이 겨우 닿는 곳이다. 그래서 조간대 상부에 사는 생명체는 뜨거운 태양열을 견뎌내야 한다. 중부는 만조 때에는 물에 잠기지만, 간조 때에는 공기 중에 노출되는 곳이다. 그런데 물이 빠져 공기 중에 노출되었다 해도 파도에 의해 어느 정도의 수분은 공급된다. 가장 아래에 위치한 하부는 간조 때를 제외하고는 항상 물에 잠겨 있다. 땅 위 환경의 영향을 적게 받는다는 점에선 다소 안정적이긴 해도 파도의 파괴력을 이겨내기 위해 강한 부착력을 지녀야 한다는 점에서 생존이 쉽지 않은 곳이다.

조간대에 사는 생물들은 불안정하고 척박한 바다 환경에 적응하기 위해 높이에 따라 종이 수직적으로 분포한다. 조간대를 찾았을 때 총알고둥류와 따개비들을 발견했다면 그곳이 조간대에서 물이 가장 높이 올라오는 지점인 것이다. 이들은 상당 시간 물 밖에 노출되어도 수분 손실을 막기 위해 패각과 덮개판을 꼭 닫은 채로 물이 밀려올 때까지 버텨낼 수 있다.

① 조간대에서 총알고둥류가 사는 곳은 어느 지점인가?
② 조간대의 중부에 사는 생물에는 어떠한 것이 있는가?
③ 조간대에서 높이에 따라 생물의 종이 수직으로 분포하는 이유는 무엇인가?
④ 조간대에 사는 생물들이 견뎌야 하는 환경적 조건에는 어떠한 것이 있는가?

08 다음 글에서 〈보기〉가 들어갈 위치로 가장 적절한 것은?

___㉠___ 우리는 보통 공간을 배경으로 사물을 본다. 그리고 시간이나 사유를 비롯한 여러 개념을 공간적 용어로 표현한다. 이처럼 공간에 대한 용어가 중의적으로 쓰이는 과정에서, 일상적으로 쓰는 용법과 달라 혼란을 겪기도 한다. ___㉡___ 공간에 대한 용어인 '차원' 역시 다양하게 쓰인다. 차원의 수는 공간 내에 정확하게 점을 찍기 위해 알아야 하는 수의 개수이다. 특정 차원의 공간은 한 점을 표시하기 위해 특정한 수가 필요한 공간을 의미한다. ___㉢___ 따라서 다차원 공간은 집을 살 때 고려해야 하는 사항들의 공간처럼 추상적일 수도 있고, 실제의 물리 공간처럼 구체적일 수도 있다. 이러한 맥락에서 어떤 사람을 1차원적 인간이라고 표현했다면 그것은 그 사람의 관심사가 하나밖에 없다는 것을 의미한다. ___㉣___

―〈보기〉―

집에 틀어박혀 스포츠만 관람하는 인간은 오로지 스포츠라는 하나의 정보로 기술될 수 있고, 그 정보를 직선 위에 점을 찍은 1차원 그래프로 표시할 수 있는 것이다.

① ㉠

② ㉡

③ ㉢

④ ㉣

09 다음 중 ㉠~㉣의 수정 방안으로 적절하지 않은 것은?

학교에 재학 중인 학생들이 다양한 분야에서 노동 활동, 즉 아르바이트에 참여하고 있는 것은 오늘날 그리 드문 현상이 아니다. 실제로 예상보다 많은 청소년이 아르바이트를 하고 있거나, 아르바이트를 했던 경험이 있다고 응답했다. ㉠청소년들이 가장 많은 아르바이트는 '광고 전단 돌리기'였다. 전단지 아르바이트는 ㉡시급이 너무 높지만 아르바이트 중에서도 가장 짧은 시간에 할 수 있는 대표적인 단기 아르바이트로 유명하다. 이러한 특징으로 인해 대부분의 사람이 전단지 아르바이트를 꺼리게 되고, 돈은 필요하지만 학교에 다니면서 고정적으로 일하기는 어려운 청소년들이 주로 하게 된다고 한다. 전단지 아르바이트 다음으로는 음식점에서 아르바이트를 해보았다는 청소년들이 많았다. 음식점 중에서도 패스트푸드점에서 아르바이트를 하고 있거나 해보았다는 청소년들이 가장 많았는데, 패스트푸드점은 ㉢대체로 최저임금을 받거나 대형 프랜차이즈가 아닌 경우에는 최저임금마저도 주지 않는다는 조사 결과가 나왔다. 또한 식대나 식사를 제공하지 않아서 몇 시간 동안 서서 일하면서도 ㉣끼니만도 제대로 해결하지 못했던 경험을 한 청소년이 많은 것으로 밝혀졌다. 근로자로서 당연히 보장받아야 할 권리를 청소년이라는 이유로 보호받지 못하는 것이다.

① ㉠ : 호응 관계를 고려하여 '청소년들이 가장 많이 경험해 본'으로 수정한다.

② ㉡ : 앞뒤 문맥을 고려하여 '시급이 너무 낮지만'으로 수정한다.

③ ㉢ : 호응 관계를 고려하여 '대체로 최저임금으로 받거나'로 수정한다.

④ ㉣ : 호응 관계를 고려하여 '끼니조차'로 수정한다.

10 다음 글의 제목으로 가장 적절한 것은?

20세기 한국 사회는 내부 노동 시장에 의존한 평생직장 개념을 갖고 있었으나, 1997년 외환위기 이후 인력 관리의 유연성이 향상되면서 그것은 사라지기 시작하였다. 기업은 필요한 우수 인력을 외부 노동 시장에서 적기에 채용하고, 저숙련 인력은 주변화하여 비정규직을 계속 늘려간다는 전략을 구사하고 있다. 이러한 기업의 인력 관리 방식에 따라서 실업률은 계속 하락하는 동시에 주당 18시간 미만으로 일하는 불완전 취업자가 매우 증가하고 있다.

이러한 현상은 우리나라의 경제가 지식 기반 산업 위주로 점차 바뀌고 있음을 말해 준다. 지식 기반 산업이 주도하는 경제 체제에서는 고급 지식을 갖거나 숙련된 노동자는 더욱 높은 임금을 받게 된다. 다시 말해, 지식 기반 경제로의 이행은 지식 격차에 의한 소득 불평등의 심화를 의미한다. 우수한 기술과 능력을 가진 핵심 인력은 능력 개발 기회를 얻게 되어 '고급 기술 → 높은 임금 → 양질의 능력 개발 기회'의 선순환 구조를 갖지만, 비정규직·장기 실업자 등 주변 인력은 악순환을 겪을 수밖에 없다. 이러한 '양극화' 현상을 국가가 적절히 통제하지 못할 경우, 사회 계급 간의 간극은 더욱 넓어질 것이다. 결국 고도 기술 사회가 온다고 해도 자본주의 사회 체제가 지속되는 한, 사회 불평등 현상은 여전히 계급 간 균열선을 따라 존재하게 될 것이다. 국가가 포괄적 범위에서 강력하게 사회·정책적 개입을 추진하면 계급 간 차이를 현재보다는 축소시킬 수 있겠지만, 아주 없어지는 못할 것이다.

사회 불평등 현상은 국가 간에도 발견된다. 각국 간 발전 격차가 지속·확대되면서 전 지구적 생산의 재배치는 이미 20세기 중엽부터 진행되어 왔다. 정보통신 기술은 지구의 자전 주기와 공간적 거리를 '장애물'에서 '이점'으로 변모시켰다. 그 결과, 전 지구적 노동 시장이 탄생하였다. 기업을 비롯한 각 사회 조직은 국경을 넘어 인력을 충원하고, 재화와 용역을 구입하고 있다. 개인들도 인터넷을 통해 이러한 흐름에 동참하고 있다. 생산 기능은 저개발국으로 이전되고, 연구·개발·마케팅 기능은 선진국으로 모여드는 경향이 지속·강화되어 국가 간 정보 격차가 확대되고 있다. 유비쿼터스 컴퓨팅 기술에 의거하여 전 지구 사회를 잇는 지역 간 분업은 앞으로 더욱 활발해질 것이다. 국가 간의 경제적 불평등 현상은 국제 자본 이동과 국제 노동 이동으로 표출되고 있다. 노동 집약적 부문의 국내 기업이 해외로 생산 기지를 옮기는 현상에서 나아가 초국적 기업화 현상이 본격적으로 대두되고 있다. 전 지구에 걸친 외부 용역 대치가 이루어지고, 콜센터를 외국으로 옮기는 현상도 보편화될 것이다.

① 국가 간 노동 인력의 이동이 가져오는 폐해
② 사회 계급 간 불평등 심화 현상의 해소 방안
③ 지식 기반 산업 사회에서의 노동 시장의 변화
④ 선진국과 저개발국 간의 격차 축소 정책의 필요성

11 다음 〈조건〉을 근거로 할 때, A ~ C 세 명이 가지고 있는 동전에 대한 설명 중 반드시 참인 것은?

─────〈조건〉─────
- 세 명의 동전은 모두 20개이다.
- A는 가장 많은 개수의 동전을 가지고 있으며, 가장 많은 개수의 동전을 가진 사람은 두 명 이상일 수 있다.
- C의 동전을 모두 모으면 600원이다.
- 두 명은 같은 개수의 동전을 가지고 있다.
- 동전은 10원, 50원, 100원, 500원 중 하나이다.

① A에게 모든 종류의 동전이 있다면 A는 최소 690원을 가지고 있다.
② A는 최대 8,500원을 가지고 있다.
③ B와 C가 같은 개수의 동전을 가진다면 각각 4개 이상의 동전을 가진다.
④ B는 반드시 100원짜리를 가지고 있다.

12 H공단의 A ~ G직원은 인사팀 또는 회계팀에서 근무하고 있다. 인사팀 직원이 4명, 회계팀 직원이 3명이고, 다음 〈조건〉에 따를 때, 다음 중 항상 옳은 것은?

─────〈조건〉─────
- B는 E에게 결재를 받는다.
- A는 G에게 결재를 받는다.
- C는 D와 다른 팀이며, F에게 결재를 받는다.

① A – 인사팀　　　　　　　② B – 회계팀
③ C – 인사팀　　　　　　　④ E – 인사팀

13 갑~정 네 사람에 대한 다음 〈조건〉으로부터 추론할 수 있는 것은?

─〈조건〉─

- 네 사람의 태어난 달은 모두 다르며, 4달에 걸쳐 연달아 생일이다.
- 네 사람은 법학, 의학, 철학, 수학 중 하나를 전공했고, 전공이 모두 다르다.
- 수학을 전공한 사람은 철학을 전공한 사람의 전 달에 태어났다.
- 의학을 전공한 사람은 법학을 전공한 사람의 바로 다음 달에 태어났지만 정보다는 이전에 태어났다.
- 병은 생일이 가장 빠르지는 않지만 갑보다는 이전에 태어났다.
- 병과 정은 연달아 있는 달에 태어나지 않았다.

① 갑의 전공은 의학이다.
② 병의 전공은 철학이다.
③ 정의 전공은 철학이다.
④ 을은 갑의 다음 달에 태어났다.

14 자사에 적합한 인재를 채용하기 위해 면접을 진행 중인 H회사의 2차 면접에서는 어떤 주제나 주장 등에 대해서 적극적으로 분석하고 종합하며 평가하는 능동적 사고인 비판적 사고를 평가한다고 할 때, 다음 중 가장 낮은 평가를 받게 될 사람은?

① A : 문제에 대한 개선방안을 찾기 위해서는 먼저 자료를 충분히 분석하고, 이를 바탕으로 객관적이고 과학적인 해결방안을 제시해야 한다고 생각합니다.

② B : 저는 문제의 원인을 찾기 위해서는 항상 왜, 언제, 누가, 어디서 등의 다양한 질문을 던져야 한다고 생각합니다. 이러한 호기심이 결국 해결방안을 찾는 데 큰 도움이 된다고 생각하기 때문입니다.

③ C : 저는 제 나름의 신념을 갖고 문제에 대한 해결방안을 찾으려 노력합니다. 상대방의 의견이 제 신념에서 벗어난다면 저는 인내를 갖고 끝까지 상대를 설득할 것입니다.

④ D : 해결방안을 도출하는 데 있어서는 개인의 감정적·주관적 요소를 배제해야 합니다. 사사로운 감정이나 추측보다는 경험적으로 입증된 증거나 타당한 논증을 토대로 판단해야 합니다.

15 다음 영업팀 A사원에게 해 줄 수 있는 조언으로 가장 적절한 것은?

> 제약회사의 영업팀에 근무 중인 A사원은 성장세를 보이고 있는 타사에 비해 자사의 수익과 성과가 지나치게 적다는 것을 알았다. 그 이유에 대해 알아보기 위해 타사에 근무하고 있는 친구에게 물어본 결과 친구의 회사에서는 영업사원을 대상으로 판매 교육을 진행한다는 것을 알게 되었다. A사원은 이를 바탕으로 개선 방향에 대한 보고서를 제출하였으나, A사원의 상사는 구체적인 문제해결 방법이 될 수 없다며 A사원의 보고서를 반려하였다.

① 문제와 해결방안이 상위 시스템과 어떻게 연결되어 있는지 생각하는 전략적 사고가 필요합니다.
② 전체를 각각의 요소로 나누어 각 요소마다 의미를 도출한 후 구체적인 문제해결 방법을 실행하는 분석적 사고가 필요합니다.
③ 기존에 가지고 있는 인식의 틀을 전환하여 새로운 관점에서 세상과 사물을 바라보는 발상의 전환이 필요합니다.
④ 문제해결에 필요한 기술, 재료, 방법 등 필요한 자원 확보 계획을 수립하고, 내·외부자원을 효과적으로 활용해야 합니다.

16 H공사의 비품실에는 6개 층으로 된 선반이 있고, 다음 〈조건〉에 따라 항상 선반의 정해진 층에 회사 비품을 정리한다. 이에 근거하여 바르게 추론한 것은?

---〈조건〉---
- 선반의 홀수 층에는 두 개의 물품을 두고, 짝수 층에는 하나만 둔다.
- 간식은 2층 선반에 위치한다.
- 볼펜은 간식보다 아래층에 있다.
- 보드마카와 스테이플러보다 위층에 있는 물품은 한 개이다.
- 믹스커피와 종이컵은 같은 층에 있으며, 간식의 바로 위층이다.
- 화장지와 종이 사이에는 두 개의 물품이 위치하며, 화장지가 종이 위에 있다.
- 볼펜 옆에는 메모지가 위치한다.

① 종이 아래에 있는 물품은 5가지이며, 그중 하나는 종이컵이다.
② 보드마카 위에는 간식이 위치한다.
③ 간식과 종이컵 사이에는 메모지가 있다.
④ 화장지는 4층에, 종이는 3층에 있다.

17 귀하가 소속된 팀은 출장근무를 마치고 서울로 복귀하고자 한다. 다음의 대화를 고려했을 때, 서울에 가장 일찍 도착할 수 있는 예정시각은 언제인가?(단, 각 시설별 왕복 소요시간만 고려한다)

〈상황〉

- 귀하가 소속된 팀원은 총 4명이다.
- 대전에서 출장을 마치고 서울로 돌아가려고 한다.
- 고속버스터미널에는 은행, 편의점, 화장실, 패스트푸드점 등이 있다.

   ※ 시설별 왕복 소요시간 : 은행 30분, 편의점 10분, 화장실 20분, 패스트푸드점 25분

〈대화 내용〉

A과장 : 긴장이 풀려서 그런가? 배가 출출하네. 패스트푸드점에서 햄버거라도 사 먹어야겠어.
B대리 : 저도 출출하긴 한데 그것보다 화장실이 더 급하네요. 금방 다녀오겠습니다.
C주임 : 그럼 그사이에 버스표를 사야 하니 은행에 들러 현금을 찾아오겠습니다.
귀 하 : 저는 그동안 버스 안에서 먹을 과자를 편의점에서 사 오겠습니다.
A과장 : 지금이 16시 50분이니까 다들 각자 볼일 보고 빨리 돌아와. 다 같이 타고 가야 하니까.

〈시외버스 배차정보〉

대전 출발시각	서울 도착 예정시각	잔여좌석 수
17:00	19:00	6좌석
17:15	19:15	8좌석
17:30	19:30	3좌석
17:45	19:45	4좌석
18:00	20:00	8좌석
18:15	20:15	5좌석
18:30	20:30	6좌석
18:45	20:45	10좌석
19:00	21:00	16좌석

① 17:45
② 19:15
③ 19:45
④ 20:15

18 다음 〈조건〉을 바탕으로 추론한 〈보기〉에 대한 설명으로 옳은 것은?

〈조건〉

- A~E가 차례대로 있는 1~5번 방에 들어가 있다.
- A와 B 사이의 간격과 B와 E 사이의 간격은 같다.
- D는 E보다 오른쪽 방에 있다.
- A는 가장 왼쪽의 1번 방에 있다.

〈보기〉

A : E는 C보다 왼쪽에 있다.
B : B, E, C는 차례대로 옆방에 붙어있다.
---

① A만 옳다.
② B만 옳다.
③ A, B 모두 옳다.
④ A, B 모두 틀리다.

19 H회사에서 옥상 정원을 조성하기 위해 나무들을 4줄로 심으려고 한다. 각 줄마다 두 종류의 나무를 심을 때, 다음 〈조건〉에 근거하여 바르게 추론한 것은?

〈조건〉

- 은행나무는 가장 앞줄에 있다.
- 소나무와 감나무는 같은 줄에 있고, 느티나무의 바로 앞줄이다.
- 밤나무는 가장 뒷줄에 있다.
- 플라타너스는 감나무와 벚나무의 사이에 있다.
- 단풍나무는 소나무보다는 앞줄에 있지만, 벚나무보다는 뒤에 있다.
---

① 은행나무는 느티나무와 같은 줄에 있다.
② 벚나무는 첫 번째 줄에 있다.
③ 단풍나무는 플라타너스 옆에 있으며 세 번째 줄이다.
④ 플라타너스보다 뒤에 심은 나무는 없다.

20 A ~ D가 키우는 동물의 종류에 대해서 다음 〈조건〉과 같은 사실이 알려져 있다. 이에 대한 추론으로 옳은 것은?

〈조건〉
- A는 개, C는 고양이, D는 닭을 키운다.
- B는 토끼를 키우지 않는다.
- A가 키우는 종류의 동물은 B도 키운다.
- A와 C는 같은 종류의 동물을 키우지 않는다.
- A, B, C, D 각각은 2종류 이상의 동물을 키운다.
- A, B, C, D는 개, 고양이, 토끼, 닭 이외의 동물은 키우지 않는다.
---

① B는 개를 키우지 않는다.
② B와 C가 공통으로 키우는 종류의 동물이 있다.
③ C는 키우지 않지만 D가 키우는 종류의 동물이 있다.
④ 3명이 공통으로 키우는 종류의 동물은 없다.

21 다음 H공단 국제인력본부의 조직도를 참고할 때, 외국인력국의 업무로 적절하지 않은 것은?

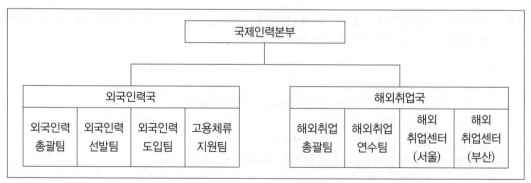

① 근로자 입국지원
② 근로자 고용·체류 지원
③ 한국어능력시험 시행
④ K-Move 취업센터 운영

22 다음 밑줄 친 법칙에 해당하는 사례로 가장 적절한 것은?

> 돈이 되는 20%의 고객이나 상품만 있으면 80%의 수익이 보장된다는 파레토 법칙이 그간 진리로 여겨졌다. 그런데 최근 롱테일(Long Tail) 법칙이라는 새로운 개념이 자리를 잡고 있다. 이는 하위 80%가 상위 20%보다 더 많은 수익을 낸다는 법칙이다. 한마디로 '티끌 모아 태산'이 가능하다는 것이다.

① A은행은 VIP전용 창구를 확대하였다.
② B기업은 생산량을 늘려 단위당 생산비를 낮추었다.
③ C인터넷 서점은 극소량만 팔리는 책이라도 진열한다.
④ D극장은 주말 요금을 평일 요금보다 20% 인상하였다.

23 다음 중 경영에 대한 설명으로 적절하지 않은 것은?

① 조직의 목적을 달성하기 위한 전략·관리·운영활동이다.
② 과거에는 단순히 관리라고 생각하였다.
③ 조직을 둘러싼 환경이 급변하면서 이에 적응하기 위한 전략의 중요성이 감소하고 있다.
④ 경영활동에서는 전략·관리·운영이 동시에 복합되어 이루어진다.

24 다음은 H공사 조직도의 변경 전 모습이다. 업무 효율을 높이기 위해 〈조건〉을 참고하여 조직도를 변경하였을 때, 잘못 배치한 것은?

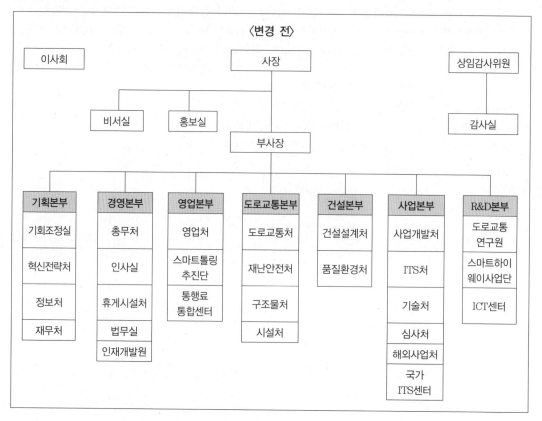

〈변경 전〉

- 이사회
- 사장
- 상임감사위원
- 비서실
- 홍보실
- 감사실
- 부사장

기획본부	경영본부	영업본부	도로교통본부	건설본부	사업본부	R&D본부
기회조정실	총무처	영업처	도로교통처	건설설계처	사업개발처	도로교통 연구원
혁신전략처	인사실	스마트톨링 추진단	재난안전처	품질환경처	ITS처	스마트하이 웨이사업단
정보처	휴게시설처	통행료 통합센터	구조물처		기술처	ICT센터
재무처	법무실		시설처		심사처	
	인재개발원				해외사업처	
					국가 ITS센터	

〈조건〉

지금 우리 공사의 조직구성이 업무와 잘 맞지 않는다는 의견이 있어 여러 고심 끝에 조직체계를 새롭게 구성하였음을 알려드립니다. 먼저, 인사를 담당하고 있는 부서의 인력 충원에 따른 규모 확장과 직원들의 복지증진을 위해 권한을 확대하였기에 이에 따라 이름을 인력처로 변경하였습니다. 또한, 부서별 특성과 업무의 전문화를 고려하여 도로처와 교통처로 각각 분리하였으며, 이와 같은 이유로 건설설계처도 업무의 전문화와 세분화를 위하여 두 개의 처로 분리하였습니다. 반면, 기술처와 심사처는 업무의 연관성을 고려하여 기술심사처로 통합하였습니다. 필요성이 꾸준히 제기되어 온 교통센터를 신설하여 도로교통본부에서 관리하게 될 것이며, 초장대교량 기술의 발달과 건설 증대로 인한 관리가 중요해짐에 따라 초장대교량사업단을 임시로 설치하여 연구개발본부 소속으로 활동하게 될 것입니다. 마지막으로 새로운 조직도를 첨부하오니, 미리 숙지하시어 업무에 혼동이 없도록 하시기 바랍니다.

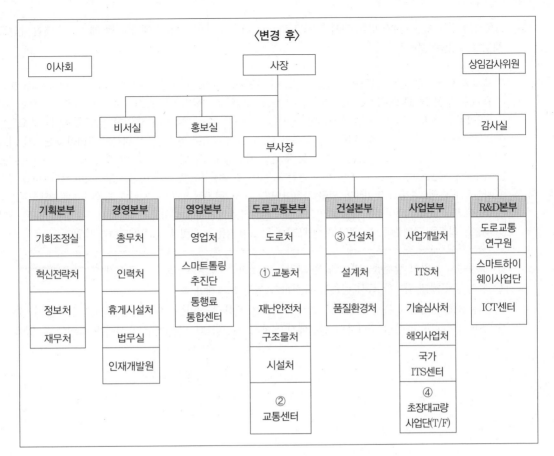

〈변경 후〉

① 교통처　　　　　　　　　　② 교통센터
③ 건설처　　　　　　　　　　④ 초장대교량사업단(T/F)

25 H회사에 근무하는 A씨가 다음 기사를 읽고 기업의 사회적 책임에 대해 생각해 볼 때, 이에 대한 내용으로 적절하지 않은 것은?

> 세계 자동차 시장 점유율 1위를 기록했던 도요타 자동차는 2009년 11월 가속페달의 매트 끼임 문제로 미국을 비롯해 전 세계적으로 1,000만 대가 넘는 사상 초유의 리콜을 했다. 도요타 자동차의 리콜 사태에 대한 원인으로는 기계적 원인과 더불어 무리한 원가 절감, 과도한 해외생산 확대, 안일한 경영 등 경영상의 요인들이 제기되고 있다. 또 도요타 자동차는 급속히 성장하면서 제기된 문제들을 소비자의 관점이 아닌 생산자의 관점에서 해결하려고 했고, 늦은 리콜 대응 등 문제 해결에 미흡했다는 지적을 받고 있다. 이런 대규모 리콜 사태로 인해 도요타 자동차가 지난 수십 년간 세계적으로 쌓은 명성은 하루아침에 모래성이 됐다. 이와 다른 사례로 존슨앤드존슨의 타이레놀 리콜 사건이 있다. 1982년 9월 말 미국 시카고 지역에서 존슨앤드존슨의 엑스트라 스트렝스 타이레놀 캡슐을 먹고 4명이 사망하는 상황이 발생하였고, 그 즉시 존슨앤드존슨은 대대적으로 리콜을 단행했다. 그 결과 존슨앤드존슨은 소비자들의 신뢰를 다시 회복하게 되었다.

① 상품에서 결함이 발견됐다면 기업은 그것을 인정하고 책임지는 모습이 필요해.
② 기업은 문제를 인지한 즉시 문제를 해결하기 위해 노력해야 해.
③ 이윤창출은 기업의 유지에 필요하지만, 수익만을 위해 움직이는 것은 여러 문제를 일으킬 수 있어.
④ 소비자의 관점이 아닌 생산자의 관점에서 문제를 해결할 때, 소비자들의 신뢰를 회복할 수 있어.

26 H공단은 매년 사내 직원을 대상으로 창의공모대회를 개최하여 최고의 창의적 인재를 선발해 큰 상금을 수여한다. 귀하를 포함한 동료들은 올해의 창의공모대회에 참가하기로 하고, 서로의 생각을 공유하는 시간을 가졌다. 다음 중 귀하가 받아들이기에 적절하지 않은 것은?

① 누구라도 자기 일을 하는 데 있어 요구되는 지능 수준을 가지고 있다면, 그 분야에서 어느 누구 못지않게 창의적일 수 있어.
② 창의적인 사고를 하기 위해서는 고정관념을 버리고, 문제의식을 느껴야 해.
③ 창의적으로 문제를 해결하기 위해서는 문제의 원인이 무엇인가를 분석하는 논리력이 매우 뛰어나야 해.
④ 창의적인 사고는 선천적으로 타고나야 하고, 후천적인 노력에는 한계가 있어.

27 다음 글을 읽고 C사원이 해야 할 업무를 순서대로 나열한 것은?

> 상사 : 벌써 2시 50분이네. 3시에 외부에서 회의가 있어서 지금 업무지시를 할게요. 업무보고는 내일 9시 30분에 받을게요. 업무보고 전 아침에 회의실과 마이크 체크를 한 내용을 업무보고에 반영해 주세요. 내일 있을 3시 팀장회의도 차질 없이 준비해야 합니다. 아, 그리고 오늘 P사원이 아파서 조퇴했으니 P사원 업무도 부탁할게요. 간단한 겁니다. 사업 브로슈어에 사장님의 개회사를 추가하는 건데, 브로슈어 인쇄는 2시간밖에 걸리지 않지만 인쇄소가 오전 10시부터 6시까지 하니 비서실에 방문해 파일을 미리 받아서 늦지 않게 인쇄소에 넘겨 주세요. 비서실은 본관 15층에 있으니 가는 데 15분 정도 걸릴 거예요. 브로슈어는 다음날 오전 10시까지 준비되어야 하는 거 알죠? 팀장회의에 사용할 케이터링 서비스는 매번 시키는 D업체로 예약해 주세요. 24시간 전에는 예약해야 하니 서둘러 주세요.

---〈보기〉---

(A) 비서실 방문   (B) 회의실, 마이크 체크

(C) 케이터링 서비스 예약   (D) 인쇄소 방문

(E) 업무보고

① (A) – (C) – (D) – (B) – (E)   ② (C) – (A) – (D) – (B) – (E)

③ (B) – (A) – (D) – (E) – (C)   ④ (C) – (B) – (A) – (D) – (E)

28 다음은 H전자의 직무전결표의 일부분이다. 이에 따라 문서를 처리한 내용 중 바르게 처리되지 못한 것을 〈보기〉에서 모두 고르면?

직무내용	대표이사	위임전결권자		
		전무	이사	부서장
직원 채용 승인	○			
직원 채용 결과 통보				○
교육훈련 대상자 선정			○	
교육훈련 프로그램 승인		○		
직원 국내 출장 승인			○	
직원 해외 출장 승인		○		
임원 국내 출장 승인		○		
임원 해외 출장 승인	○			

---〈보기〉---

ㄱ. 전무가 출장 중일 때 교육훈련 프로그램 승인을 위해서 일단 이사 전결로 처리하였다.

ㄴ. 인사부장 명의로 영업부 직원 채용 결과서를 통보하였다.

ㄷ. 영업부 대리의 국내 출장을 승인받기 위해서 이사의 결재를 받았다.

ㄹ. 기획부의 교육 대상자를 선정하기 위해서 기획부장의 결재를 받아 처리하였다.

① ㄱ, ㄴ   ② ㄱ, ㄴ, ㄷ

③ ㄱ, ㄴ, ㄹ   ④ ㄱ, ㄷ, ㄹ

29 다음 중 B씨가 A씨에게 해 주었을 조언으로 적절하지 않은 것은?

> 신입사원 A : B씨, 기획안 다 썼어요? 나는 쓰고 싶은 내용은 있는데 어떻게 써야 할지 잘 모르겠어요.
> 신입사원 B : 문서는 내용도 중요하지만 문서마다 형식에 차이가 있어서 더 어려운 것 같아요.
> 　　　　　　　기획안을 쓸 때는 ＿＿＿＿＿＿＿＿＿＿＿＿＿＿＿＿＿＿＿＿

① 설득하는 것이 목적이기 때문에 상대가 요구하는 것이 무엇인지 예측하고 파악해야 해요.
② 표나 그래프를 사용했다면 그것은 문서의 내용을 담고 있어야 해요.
③ 대체로 내용이 많기 때문에 목차 구성에 신경을 써야 해요.
④ 피드백을 받아서 수정하는 경우가 대부분이기 때문에 처음부터 완벽할 필요는 없어요.

30 다음을 보고 A사원이 처리할 첫 업무와 마지막 업무를 바르게 짝지은 것은?

> A씨, 우리 팀이 준비하는 상반기 프로젝트가 마무리 단계인 건 알고 있죠? 이제 곧 그동안 진행해 온 팀 프로젝트를 발표해야 하는데 A씨가 발표자로 선정되어서 몇 가지 말씀드릴 게 있어요. 6월 둘째 주 월요일 오후 4시에 발표를 할 예정이니 그 시간에 비어있는 회의실을 찾아보고 예약해 주세요. 오늘이 벌써 첫째 주 수요일이네요. 보통 일주일 전에는 예약해야 하니 최대한 빨리 확인하고 예약해 주셔야 합니다. 또 발표 내용을 PPT 파일로 만들어서 저한테 메일로 보내 주세요. 검토 후 수정사항을 회신할 테니 반영해서 최종본 내용을 브로슈어에 넣어 주세요. 최종본 내용을 모두 입력하면 디자인팀 D대리님께 파일을 넘겨 줘야 해요. 디자인팀에서 작업 후 인쇄소로 보낼 겁니다. 최종 브로슈어는 1층 인쇄소에서 받아오시면 되는데 원래는 한나절이면 찾을 수 있지만 이번에 인쇄 주문 건이 많아서 다음 주 월요일에 찾을 수 있을 거예요. 아, 그리고 브로슈어 내용 정리 전에 작년 하반기에 프로젝트 발표자였던 B주임에게 물어보면 어떤 식으로 작성해야 할지 이야기해 줄 거예요.

① PPT 작성 – D대리에게 파일 전달
② 회의실 예약 – B주임에게 조언 구하기
③ 회의실 예약 – 인쇄소 방문
④ B주임에게 조언 구하기 – 인쇄소 방문

31 다음 중 스프레드시트에서 연속된 영역의 셀들을 선택할 때와 불연속적인 셀들을 선택할 때, 마우스와 함께 사용되는 키보드의 연결이 옳은 것은?

① 연속 – [Alt], 불연속 – [Ctrl]
② 연속 – [Shift], 불연속 – [Ctrl]
③ 연속 – [Alt], 불연속 – [Shift]
④ 연속 – [Ctrl], 불연속 – [Shift]

32 다음 중 다양한 상황과 변수에 따른 여러 가지 결괏값의 변화를 가상의 상황을 통해 예측하여 분석할 수 있는 도구는?

① 시나리오 관리자　　　　　　② 목표값 찾기
③ 부분합　　　　　　　　　　　④ 데이터 표

33 다음 중 한글에서 파일을 다른 이름으로 저장할 때 사용하는 단축키는?

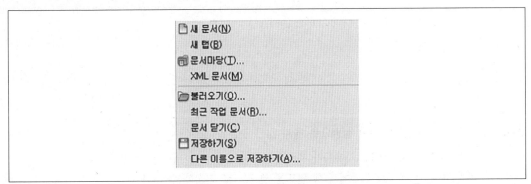

① [Alt]+[N]　　　　　　　　② [Ctrl]+[N], [P]
③ [Alt]+[S]　　　　　　　　④ [Alt]+[V]

34 다음 중 한글의 커서 이동키에 대한 설명으로 옳은 것은?

① [Home] : 커서를 현재 문서의 맨 처음으로 이동시킨다.
② [End] : 커서를 현재 문단의 맨 마지막으로 이동시킨다.
③ [Back Space] : 커서를 화면의 맨 마지막으로 이동시킨다.
④ [Page Down] : 커서를 한 화면 단위로 하여 아래로 이동시킨다.

35 다음 중 클라우드 컴퓨팅(Cloud Computing)에 대한 설명으로 옳지 않은 것은?

① 가상화와 분산처리 기술을 기반으로 한다.
② 최근에는 컨테이너(Container) 방식으로 서버를 가상화하고 있다.
③ 주로 과학·기술적 계산 같은 대규모 연산의 용도로 사용된다.
④ 공개 범위에 따라 퍼블릭 클라우드, 프라이빗 클라우드, 하이브리드 클라우드로 분류할 수 있다.

36 다음 중 피벗테이블에 대한 설명으로 옳지 않은 것은?

① 피벗테이블 작성 후에도 사용자가 새로운 수식을 추가하여 표시할 수 있다.
② 피벗테이블로 작성된 목록에서 행 필드를 열 필드로 편집할 수 있다.
③ 피벗테이블 결과 표시는 같은 시트 내에만 가능하다.
④ 피벗테이블은 많은 양의 데이터를 손쉽게 요약하기 위해 사용되는 기능이다.

※ 다음 자료를 보고 이어지는 질문에 답하시오. [37~38]

	A	구분	미입처수	매수	공급가액(원)	세액(원)	합계
1							
2		구분	미입처수	매수	공급가액(원)	세액(원)	합계
3		전자세금계산서	12	8	11,096,174	1,109,617	12,205,791
4		수기종이계산서	1	0	69,180		76,098
5		합계	13	8	11,165,354	1,116,535	

37 귀하는 VAT(부가가치세) 신고를 준비하기 위해 엑셀 파일을 정리하고 있다. 세액은 공급가액의 10%이다. 수기종이계산서의 '세액(원)'인 [F4] 셀을 채우려 할 때, 입력해야 할 수식은?

① =E3*0.1

② =E3*0.001

③ =E4*0.1

④ =E3*10%

38 총 합계인 [G5] 셀을 채울 때, 다음 중 필요한 함수식과 결괏값은?

① =AVERAGE(G3:G4) / 12,281,890

② =AVERAGE(E5:F5) / 12,281,890

③ =SUM(G3:G4) / 12,281,889

④ =SUM(E3:F5) / 12,281,889

39 워드프로세서의 인쇄용지 중 낱장 용지에 대한 설명으로 옳은 것은?

① 낱장 인쇄용지 중 크기가 가장 큰 용지는 A1이다.

② 낱장 인쇄용지의 가로와 세로의 비율은 1 : 2이다.

③ 규격은 전지의 종류와 전지를 분할한 횟수를 사용하여 표시한다.

④ 인쇄용지 B4는 A4보다 2배 크다.

40 H중학교에서 근무하는 P교사는 반 학생들의 과목별 수행평가 제출 여부를 확인하기 위해 〈조건〉과 같이 자료를 정리하였다. P교사가 [D11] ~ [D13] 셀에 〈보기〉와 같이 함수식을 입력하였을 때, [D11] ~ [D13] 셀에 나타날 결괏값으로 알맞은 것은?

〈조건〉

	A	B	C	D
1			(제출했을 경우 '1'로 표시)	
2	이름	A과목	B과목	C과목
3	김혜진	1	1	1
4	이방숙	1		
5	정영교	재제출 요망	1	
6	정혜운		재제출 요망	1
7	이승준		1	
8	이혜진			1
9	정영남	1		1
10				
11				
12				
13				

〈보기〉

[D11] 셀에 입력한 함수식 → =COUNTA(B3:D9)

[D12] 셀에 입력한 함수식 → =COUNT(B3:D9)

[D13] 셀에 입력한 함수식 → =COUNTBLANK(B3:D9)

	[D11]	[D12]	[D13]
①	12	10	11
②	10	12	9
③	10	12	11
④	12	10	9

41 가현이는 강의 A지점에서 B지점까지 일정한 속력으로 수영하여 왕복하였다. 가현이가 강물이 흐르는 방향으로 수영을 하면서 걸린 시간은 반대방향으로 거슬러 올라가며 걸린 시간의 0.2배라고 한다. 가현이가 수영한 속력은 강물의 속력의 몇 배인가?

① 0.5배   ② 1배
③ 1.5배   ④ 2배

42 흥선이네 가족은 부산에 사는 할머니 댁에 가기 위해 고속도로를 달리고 있었다. 고속도로에서 어느 순간 남은 거리를 나타내는 이정표를 보니 가운데 0이 있는 세 자리의 수였다. 3시간이 지난 후 다시 보니 이정표의 수는 처음 본 이정표의 수 양 끝 숫자가 바뀐 두 자리의 수였다. 또 1시간이 지나서 세 번째로 본 이정표의 수는 처음 본 세 자리의 수 사이에 0이 빠진 두 자리의 수였다. 흥선이네 가족이 탄 자동차가 일정한 속력으로 달렸다면 이정표 3개에 적힌 수의 합은 얼마인가?

① 297   ② 306
③ 315   ④ 324

43 A와 B는 1.2km 떨어진 직선거리의 양 끝에서부터 12분 동안 마주 보고 달려 한 지점에서 만났다. B는 A보다 1.5배가 빠르다고 할 때, A의 속도는?

① 28m/분   ② 37m/분
③ 40m/분   ④ 48m/분

44 H공단에서 2023년 신입사원을 채용하기 위해 필기시험을 진행하였다. 시험 결과 합격자 전체 평균이 83.35점이고, 이 중 남성 합격자의 평균은 82점, 여성 합격자의 평균은 85점이었다. 합격자 전체 인원이 40명일 때, 남성과 여성 합격자는 각각 몇 명인가?

	남성 합격자	여성 합격자
①	22명	18명
②	18명	22명
③	23명	17명
④	17명	23명

45 다음은 전국 주요 댐 저수 현황 자료이다. 이에 대한 설명으로 옳은 것은?

〈전국 주요 댐 저수 현황〉

구분	주의단계							경계단계	심각단계
	소양강댐	충주댐	횡성댐	안동댐	임하댐	용담댐	주암댐	대청댐	보령댐
현재 저수량 (백만 m³)	1,277.2	1,144.9	25.3	413.2	186.9	233.1	167.9	547.8	25.1
평년 대비 저수율	69%	68%	43%	56%	69%	64%	42%	57%	61%
현재 저수율(%)	44.0	41.6	29.1	33.1	31.4	28.6	36.7	36.8	21.5

※ 2022년 6월 14일 오전 7시 현재

① 저수 현황은 주의단계, 경계단계, 심각단계의 3단계로 나뉘며, 주의단계에 해당하는 댐은 소양강댐, 충주댐, 횡성댐, 안동댐, 임하댐, 용담댐, 대청댐이다.
② 현재 저수율이 가장 높은 곳은 소양강댐으로, 가장 낮은 댐과의 차이는 22.5%p이다.
③ 주요 댐들의 현재 저수율은 평년 대비 저수율에 다소 못 미치지만 심각한 수준은 아니다.
④ 댐의 크기와 저수가능 용량은 횡성댐이 보령댐보다 크다.

46 다음은 시도별 자전거도로 현황에 대한 자료이다. 이에 대한 해석으로 옳은 것은?

〈시도별 자전거도로 현황〉

(단위 : km)

구분	합계	자전거전용도로	자전거보행자 겸용도로	자전거전용차로	자전거우선도로
전국	21,176	2,843	16,331	825	1,177
서울특별시	869	104	597	55	113
부산광역시	425	49	374	1	1
대구광역시	885	111	758	12	4
인천광역시	742	197	539	6	–
광주광역시	638	109	484	18	27
대전광역시	754	73	636	45	–
울산광역시	503	32	408	21	42
세종특별자치시	207	50	129	6	22
경기도	4,675	409	4,027	194	45
강원도	1,498	105	1,233	62	98
충청북도	1,259	202	824	76	157
충청남도	928	204	661	13	50
전라북도	1,371	163	1,042	112	54
전라남도	1,262	208	899	29	126
경상북도	1,992	414	1,235	99	244
경상남도	1,844	406	1,186	76	176
제주특별자치도	1,324	7	1,299	0	18

① 제주특별자치도는 전국에서 다섯 번째로 자전거도로가 길다.
② 광주광역시를 볼 때, 전국 대비 자전거전용도로의 비율이 자전거보행자겸용도로의 비율보다 낮다.
③ 경상남도의 모든 자전거도로는 전국에서 9% 이상의 비율을 가진다.
④ 자전거전용도로는 전국에서 약 13.4%의 비율을 차지한다.

47 서로 다른 소설책 7권과 시집 5권이 있다. 이 중에서 소설책 3권과 시집 2권을 선택하는 경우의 수는?

① 350가지   ② 360가지

③ 370가지   ④ 380가지

48 다음은 항목별 상위 7개 동의 자산규모를 나타낸 자료이다. 이에 대한 설명으로 옳은 것은?

〈항목별 상위 7개 동의 자산규모〉

구분 순위	총자산(조 원) 동명	규모	부동산자산(조 원) 동명	규모	예금자산(조 원) 동명	규모	가구당 총자산(억 원) 동명	규모
1	여의도동	24.9	대치동	17.7	여의도동	9.6	을지로동	51.2
2	대치동	23.0	서초동	16.8	태평로동	7.0	여의도동	26.7
3	서초동	22.6	압구정동	14.3	을지로동	4.5	압구정동	12.8
4	반포동	15.6	목동	13.7	서초동	4.3	도곡동	9.2
5	목동	15.5	신정동	13.6	역삼동	3.9	잠원동	8.7
6	도곡동	15.0	반포동	12.5	대치동	3.1	이촌동	7.4
7	압구정동	14.4	도곡동	12.3	반포동	2.5	서초동	6.4

※ (총자산)＝(부동산자산)＋(예금자산)＋(증권자산)

※ (가구 수)＝$\dfrac{(총자산)}{(가구당\ 총자산)}$

① 압구정동의 가구 수는 여의도동의 가구 수보다 적다.

② 이촌동의 가구 수는 2만 가구 이상이다.

③ 대치동의 증권자산은 서초동의 증권자산보다 많다.

④ 여의도동의 증권자산은 최소 4조 원 이상이다.

49 H중학교에서 3학년을 대상으로 체육시험을 실시하였다. 3학년 학생 수는 200명이며, 전체 평균 점수는 59.6점이었다. 남학생 수는 전체 학생 수의 51%이고, 남학생의 평균 점수는 여학생 평균 점수의 3배보다 2점이 높을 때, 남학생과 여학생의 평균은 각각 얼마인가?

	남학생	여학생
①	80점	26점
②	83점	27점
③	86점	28점
④	89점	29점

50 다음은 연간 국내 인구이동에 대한 자료이다. 이에 대한 설명으로 옳지 않은 것은?(단, 소수점 둘째 자리에서 반올림한다)

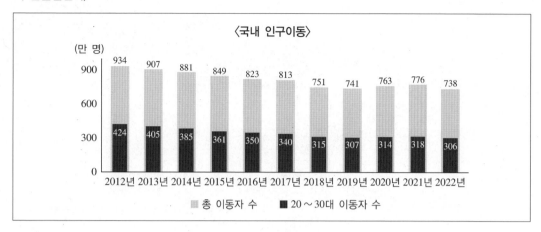

① 2019년까지 20~30대 이동자 수는 지속적으로 감소하였다.
② 총 이동자 수와 20~30대 이동자 수의 변화 양상은 동일하다.
③ 총 이동자 수 대비 20~30대 이동자 수의 비율은 2019년이 가장 높다.
④ 20~30대를 제외한 이동자 수가 가장 많은 해는 2012년이다.

제3회
해양환경공단

NCS
직업기초능력평가

〈문항 및 시험시간〉

평가영역	문항 수	시험시간	모바일 OMR 답안채점/성적분석 서비스
의사소통＋문제해결＋조직이해＋정보＋수리	50문항	50분	

제3회 모의고사

문항 수 : 50문항
응시시간 : 50분

01 다음 글의 제목으로 가장 적절한 것은?

올해로 출시 12주년을 맞은 구글어스가 세계 환경 보안관 역할을 톡톡히 하고 있어 화제다. 구글어스는 가상 지구본 형태로 제공되는 세계 최초의 위성영상지도 서비스로서, 간단한 프로그램만 내려받으면 지구 전역의 위성사진 및 지도, 지형 등의 정보를 확인할 수 있다. 구글은 그동안 축적된 인공위성 빅데이터 등을 바탕으로 환경 및 동물 보호 활동을 지원하고 있다.

지구에서는 지난 10여 년간 약 230만km^2의 삼림이 사라졌다. 병충해 및 태풍, 산불 등으로 손실된 것이다. 특히 개발도상국들의 산림 벌채와 농경지 확보가 주된 이유다. 이처럼 사라지는 숲에 비해 자연의 자생력으로 복구되는 삼림은 아주 적은 편이다.

그런데 최근에 개발된 초고해상도 '구글어스' 이미지를 이용해 정밀 분석한 결과, 식물이 살 수 없을 것으로 여겨졌던 건조지대에서도 훨씬 많은 숲이 분포한다는 사실이 밝혀졌다. 국제연합식량농업기구(FAO) 등 13개국 20개 기관과 구글이 참여한 대규모 국제공동연구진은 구글어스로 얻은 위성 데이터를 세부 단위로 쪼개 그동안 잘 알려지지 않은 전 세계 건조지역을 집중 분석했다.

그 결과 강수량이 부족해 식물의 정상적인 성장이 불가능할 것으로 알려졌던 건조지대에서 약 467만km^2의 숲을 새로이 찾아냈다. 이는 한반도 면적의 약 21배에 달한다. 연구진은 이번 발견으로 세계 삼림 면적의 추정치가 9% 정도 증가할 것이라고 주장했다.

건조지대는 지구 육지표면의 40% 이상을 차지하지만, 명확한 기준과 자료 등이 없어 그동안 삼림 분포에 대해서는 잘 알려지지 않았다. 그러나 이번 연구결과로 인해 전 세계 숲의 이산화탄소 처리량 등에 대해 보다 정확한 계산이 가능해짐으로써 과학자들의 지구온난화 및 환경보호 연구에 많은 도움이 될 것으로 기대되고 있다.

① 전 세계 환경 보안관, 구글어스
② 인간의 이기심으로 사라지는 삼림
③ 사막화 현상으로 건조해지는 지구
④ 환경오염으로 심각해지는 식량난

오늘날 영화 한 편에 천만 명의 관객이 몰릴 정도로 영화는 우리 시대의 대표적인 예술 장르로 인정받고 있다. 그런데 영화 초창기인 1930년대에 발터 벤야민(W. Benjamin)이 영화를 비판적으로 조망하고 있어 흥미롭다. 그에 따르면 영화는 전통적인 예술 작품이 지니는 아우라(Aura)를 상실하고 있다는 것이다.

아우라는 비인간화되고 사물화된 의식과 태도를 버리고, 영혼의 시선으로 대상과 교감할 때 경험할 수 있는 아름다운 향기 내지 살아 숨 쉬는 듯한 생명력과 같은 것이다. 그것은 우리들 가까이 있으면서도 저 멀리 있는데, 대상과 영혼의 교감을 통해 몰입할 때, 그때 어느 한 순간 일회적으로 나타난다. 예술 작품은 심연에 있는 아우라를 불러내는 것이고, 수용자는 그런 예술 작품과의 교감을 통해 아우라를 경험한다. 그런데 사진이나 카메라 등과 같은 기계적·기술적 장치들이 예술의 영역에 침투하면서 예술 작품의 아우라는 파괴되는데, 벤야민은 그 대표적인 예로 영화를 든다.

벤야민은 영화의 가장 중요한 특징으로 관객의 자리에 카메라가 대신 들어선다는 점을 지적하고 있다. 연극의 경우 배우와 관객은 직접적으로 교감하면서, 배우는 자기 자신이 아닌 다른 인물을 연출해 보이고 관중의 호흡에 맞추어 연기를 할 수 있다. 관객은 연극의 주인공을 둘러싸고 있는 아우라를 그 주인공 역할을 하는 배우를 통해 경험할 수 있다. 그러나 영화의 경우 배우와 관객 사이에 카메라가 개입된다. 배우는 카메라 앞에서 연기를 하지만, 카메라라는 기계가 갖는 비인간적 요소로 인해 시선의 교감을 나눌 수 없게 된다. 관객은 스크린에 비친 영상만을 접하기 때문에 배우와 교감할 수 없고, 다만 카메라와 일치감을 느낄 때만 배우와 일치감을 느낄 수 있다. 이로 인해, 관객은 카메라처럼 배우를 시각적으로 시험하고 비평하는 태도를 취한다. 그 결과 배우는 모든 교감의 관계가 차단된 유배지 같은 곳에서 카메라를 앞에 두고 재주를 부리는 것으로 만족해야 한다. 배우를 감싸고 있는 아우라도, 배우가 그려내는 인물의 아우라도 사라질 수밖에 없다.

영화배우의 연기는 하나의 통일된 작업이 아니라 여러 개의 개별적 작업이 합쳐져서 이루어진다. 이는 연기자의 연기를 일련의 조립할 수 있는 에피소드로 쪼개어 놓는 카메라의 특성에서 비롯된다. 카메라에 의해 여러 측면에서 촬영되고 편집된 한 편의 완성된 영화에 담긴 동작의 순간들은 카메라 자체의 그것일 뿐이다. 영화배우는 각 동작의 순간순간에 선별적으로 배치된 여러 소도구 중의 하나에 불과하다. 따라서 카메라에 의해 조립된 영상들에 아우라가 개입될 여지는 없다.

이런 점들을 들어, 벤야민은 전통적인 예술이 피어날 수 있는 유일한 영역으로 간주되어 온 아름다운 가상(假像)의 왕국으로부터 예술과 그 수용층이 멀어지고 있음을 영화가 가장 극명하게 보여 준다고 비판한다. 영화 초창기에 대두된 벤야민의 이러한 비판이 오늘날 문화의 총아로 각광받는 영화에 전면적으로 적용될 수 있을지는 미지수이다.

① 요즘 좋은 영화가 매우 많다. 화려하면서도 눈부신 영상미는 영화만이 갖는 큰 강점이다.

② 벤야민이 살던 시대의 영화배우들은 연기를 못했던 것 같다. 요즘 영화배우들은 연기를 정말 잘한다.

③ 우리나라 영화 규모는 매우 증가했다. 제작비만 하더라도 몇 십억 원이 든다. 그리고 영화관에 몰리는 관객 수도 매우 많다.

④ 영화를 두고 예술인지 아닌지를 가르는 기준이 하나만 있는 것은 아니다. 사람에 따라 여러 가지가 있을 수 있다. 그리고 시대가 변하면 기준도 변한다.

03 다음 글을 근거로 판단할 때, 우리나라에서 기단을 표시한 기호로 옳은 것은?

기단(氣團)은 기온, 습도 등의 대기 상태가 거의 일정한 성질을 가진 공기 덩어리이다. 기단은 발생한 지역에 따라 분류할 수 있다. 대륙에서 발생하는 대륙성기단은 건조한 성질을 가지며, 해양에서 발생하는 해양성기단은 습한 성질을 갖는다. 또한 기단의 온도에 따라 한대기단, 열대기단, 적도기단, 극기단으로 나뉜다. 기단은 그 성질을 기호로 표시하기도 한다. 해양성기단은 알파벳 소문자 m을 기호 처음에 표기하고, 대륙성기단은 알파벳 소문자 c를 기호 처음에 표기한다. 이어서 한대기단은 알파벳 대문자 P로 표기하고, 열대기단은 알파벳 대문자 T로 표기한다. 예를 들어 해양성한대기단은 mP가 되는 것이다. 또한 기단이 이동하면서 나타나는 열역학적 특성에 따라 알파벳 소문자 w나 k를 마지막에 추가한다. w는 기단이 그 하층의 지표면보다 따뜻할 때 사용하며, k는 기단이 그 하층의 지표면보다 차가울 때 사용한다.

겨울철 우리나라에 영향을 주는 대표적인 기단은 시베리아기단으로, 우리나라 지표면보다 차가운 대륙성한대기단이다. 북극기단이 우리나라에 영향을 주기도 하는데, 북극기단은 극기단의 일종으로 최근 우리나라 겨울철 혹한의 주범으로 지목되고 있다. 여름철 우리나라에 영향을 주는 대표적 열대기단은 북태평양기단이다. 북태평양기단은 해수 온도가 높은 북태평양에서 발생하여 우리나라 지표면보다 덥고 습한 성질을 가져 고온 다습한 날씨를 야기한다. 또 다른 여름철기단인 오호츠크해기단은 해양성한대기단으로 우리나라 지표면보다 차갑고 습한 성질을 갖는다. 적도 지방에서 발생하여 북상하는 적도기단도 우리나라 여름철에 영향을 준다.

	시베리아기단	북태평양기단	오호츠크해기단
①	mPk	mTw	cPk
②	mPk	cTw	cPk
③	cPk	cTw	mPk
④	cPk	mTw	mPk

04 다음 문장을 논리적 순서대로 바르게 나열한 것은?

(A) 이렇게 버려지는 폐휴대전화 속에는 금, 은 등의 귀한 금속 자원이 들어 있으며, 이들 자원을 폐휴대전화에서 추출하여 재활용하면 자원의 낭비를 줄일 수 있다.

(B) 한편 폐휴대전화는 공해를 일으킬 수 있는 물질들이 포함되어 있고, 이런 물질들은 일반 쓰레기와 함께 태워지거나 땅속에 파묻히게 되면 환경오염을 유발하기도 한다.

(C) 최근 다양한 기능을 갖춘 휴대전화들이 출시되면서 휴대전화 교체 주기가 짧아지고 있고, 이에 따라 폐휴대전화 발생량도 증가하고 있다.

(D) 그래서 우리 기업에서는 소중한 금속 자원을 재활용하고 환경오염을 줄이는 데도 기여하자는 취지에서 '폐휴대전화 수거 운동'을 벌이기로 했다.

① (A) – (D) – (C) – (B)
② (A) – (B) – (C) – (D)
③ (C) – (A) – (B) – (D)
④ (B) – (A) – (C) – (D)

05 다음 중 문맥상 단어의 쓰임이 잘못된 것은?

① 어려운 문제의 답을 <u>맞혀야</u> 높은 점수를 받을 수 있다.

② 공책에 선을 <u>반듯이</u> 긋고 그 선에 맞춰 글을 쓰는 연습을 해.

③ 생선을 간장에 10분 동안 <u>졸이면</u> 요리가 완성된다.

④ 미안하지만 지금은 바쁘니까 <u>이따가</u> 와서 얘기해.

06 홍보실에 근무하고 있는 L사원은 이번에 공사에 견학을 온 H대학교 학생들을 안내하는 업무를 맡았다. 이에 L사원은 사회보장의 개념에 대한 글을 작성했다. 빈칸에 들어갈 내용으로 옳지 않은 것은?

사회보장의 개념

'사회보장'이라는 용어가 처음으로 사용된 시기에 대해서는 대체적으로 의견이 일치하고 있으며 해당 용어가 전 세계적으로 파급되어 사용하고 있음에도 불구하고, '사회보장'의 개념에 대해서는 개인적, 국가적, 시대적, 학문적 관점에 따라 매우 다양하게 인식되고 있다.

국제노동기구는 「사회보장의 길」에서 '사회보장'은 사회구성원들에게 발생하는 일정한 위험에 대해서 사회가 적절하게 부여하는 보장이라고 정의하면서, 그 구성요소로 _____을/를 말했다.

우리나라는 사회보장기본법 제3조 제1호에 의하여 '사회보장'이란 출산, 양육, 실업, 노령, 장애, 질병, 빈곤 및 사망 등의 사회적 위험으로부터 모든 국민을 보호하고 국민의 삶의 질을 향상시키는 데 필요한 소득·서비스를 보장하는 사회보험, 공공부조, 사회서비스라고 정의하고 있다.

---

① 보호가 필요하다고 판단되는 빈곤 계층에 한한 지원

② 전체 국민의 대상화

③ 모든 위험과 사고로부터 보호

④ 공공의 기관을 통한 보호와 보장

07 다음 글의 서술상 특징으로 옳은 것은?

'디드로 효과'는 프랑스의 계몽주의 철학자인 드니 디드로의 이름을 따서 붙여진 것으로, 소비재가 어떤 공통성이나 통일성에 의해 연결되어 있음을 시사하는 개념이다. 디드로는 '나의 옛 실내복과 헤어진 것에 대한 유감'이라는 제목의 에세이에서, 친구로부터 받은 실내복에 관한 이야기를 풀어 놓는다. 그는 '다 헤지고 시시하지만 편안했던 옛 실내복'을 버리고, 친구로부터 받은 새 실내복을 입었다. 그로 인해 또 다른 변화가 일어났다. 그는 한두 주 후 실내복에 어울리게끔 책상을 바꿨고, 다음으로 서재의 벽에 걸린 장식을 바꿨으며, 결국엔 모든 것을 바꾸고 말았다. 달라진 것은 그것뿐만이 아니었다. 전에는 서재가 초라했지만 사람들이 붐볐고, 그래서 혼잡했지만 잠시 행복함을 느끼기도 했다. 하지만 실내복을 바꾼 이후의 변화를 통해서 공간은 우아하고 질서 정연하며 아름답게 꾸며졌음에도 불구하고, 결국 자신은 우울해졌다.

① 묘사를 통해 대상을 구체적으로 드러내고 있다.
② 다양한 개념들을 분류의 방식으로 설명하고 있다.
③ 일련의 벌어진 일들을 인과관계에 따라 서술하고 있다.
④ 권위 있는 사람의 말을 인용하여 주장을 뒷받침하고 있다.

08 다음 글을 읽고 통합환경 관리제도에 대한 내용으로 옳은 것은?

효율적으로 환경오염을 막는 방법

올해 1월부터 시행 중인 '통합환경 관리제도'는 최신 과학기술에 기반을 둔 스마트한 대책으로 평가받고 있다. 대기, 수질, 토양 등 개별적으로 이루어지던 관리 방식을 하나로 통합해, 환경오염물질이 다른 분야로 전이되는 것을 막는 것이다. 유럽연합을 비롯해 세계 각국에서 운영하는 효율적인 환경수단을 우리나라의 현실과 특성에 맞게 설계한 점도 특징이다.

관리방식의 통합이 가져온 변화는 크다. 먼저 대기배출시설, 수질오염배출시설 등 총 10종에 이르는 인허가는 통합허가 1종으로 줄었고, 관련 서류도 통합환경 허가시스템을 통해 온라인으로 간편하게 제출할 수 있게 되었다. 사업장별로 지역 맞춤형 허가기준을 부여해 5 ~ 8년마다 주기적으로 검토하며 단속과 적발위주였던 사후관리가 정밀점검과 기술 진단 방식으로 전환됐다. 또한, 통합환경관리 운영을 위한 참고문서인 최적가용기법(BREF)을 보급해 사업장이 자발적으로 환경관리와 관련 허가에 사용할 수 있도록 돕는다.

H공단은 환경전문심사원으로 지정돼 통합환경 계획서 검토, 통합관리사업장 현장 확인 및 오염물질 배출 여부 확인 등 제도가 원활하게 시행되도록 지원할 계획이다. 통합환경 관리제도와 통합환경 허가시스템에 관한 문의가 있다면 통합허가 지원센터에서 상담받을 수 있다. 환경을 종합적으로 관리하면서 환경개선 효과 및 자원을 효율적으로 이용할 수 있는 통합환경 관리제도에 더욱 간편하고 유익해진 제도로, 많은 기업이 자발적으로 참여함으로써 환경과 산업의 상생이 실현되고 있다.

① 통합환경 관리제도는 개별적으로 이루어지던 관리 방식을 대기, 수질, 토양으로 분리해 환경오염물질이 다른 분야로 전이되는 것을 막기 위해 만들어졌다.
② 관리방식의 통합은 총 10종에 이르는 인허가를 3종으로 줄였다.
③ 통합허가 관련 서류는 온라인으로도 제출할 수 있다.
④ 사업장별로 업종 맞춤형 허가기준을 부여해 10년마다 주기적으로 검토한다.

09 다음 글에서 〈보기〉의 문장이 들어갈 위치로 가장 적절한 곳은?

무한한 자원, 물에서 얻는 혁신적인 친환경 에너지
– 세계 최초 '수열에너지 융·복합 클러스터' 조성 –

수열에너지는 말 그대로 물의 열(熱)에서 추출한 에너지를 말한다. ___(A)___ 겨울에는 대기보다 높고, 여름에는 낮은 물의 온도 차를 이용해 에너지를 추출하는 첨단 기술이다. 이 수열에너지를 잘 활용하면 기존 냉난방 시스템보다 최대 50%까지 에너지를 절약할 수 있다. ___(B)___ 특히, 지구의 70%를 차지하는 물을 이용해 만든 에너지이기 때문에 친환경적이며 보존량도 무궁무진한 것이 최대 장점이다. ___(C)___ 지난 2014년에는 경기도 하남의 팔당호 물을 활용해 L타워의 냉난방 비용을 연간 30%나 절감하는 성과를 거두기도 했다. 이에 한강권역본부는 소양강댐의 차가운 냉수가 지니는 수열에너지를 이용해 세계 최초의 수열에너지 기반 친환경 데이터센터 집적 단지를 조성하는 융·복합 클러스터 조성사업(K–Cloud Park)을 추진하고 있다. ___(D)___ 생활이 불편할 만큼 차가운 소양강의 물이 기술의 발달과 발상의 전환으로 4차 산업혁명 시대에 걸맞은 사업을 유치하며 새로운 가치를 발굴한 사례이다. 프로젝트가 마무리되면, 수열에너지 활용에 따른 에너지 절감효과는 물론, 5,517명의 일자리 창출 및 연 220억 원 가량의 지방세 세수 증가가 이뤄질 것으로 기대된다.

〈보기〉

이를 통해 수열에너지 기반의 스마트팜 첨단농업단지, 물 기업 특화 산업단지까지 구축하게 되면 새로운 부가가치를 창출하는 비즈니스 플랫폼은 물론, 아시아·태평양 지역의 클라우드 데이터센터 허브로 자리 잡게 될 것으로 전망된다.

---

① (A)
② (B)
③ (C)
④ (D)

인간의 사유는 특정한 기준을 바탕으로 다른 것과의 차이를 인식하는 것이라 할 수 있다. 이때의 기준을 이루는 근간(根幹)은 당연히 현실 세계의 경험과 인식이다. 하지만 인간은 현실적 경험으로 인식되지 않는 대상을 사유하기도 하는데, 그중 하나가 신화적 사유이며, 이는 상상력의 산물이다.

상상력은 통념(通念)상 현실과 대립하는 위치에 속한다. 또한, 현대 문명에서 상상력은 과학적·합리적 사고와 반대되는 사유 체계로 간주하기도 한다. 그러나 신화적 사유를 떠받치고 있는 상상력은 '현실적 – 비현실적', '논리적 – 비논리적', '합리적 – 비합리적' 등과 같은 단순한 양항 체계 속으로 환원될 수 없다.

초기 인류학에서는 근대 문명과 대비시켜 신화적 사유를 미개한 존재들의 미숙한 단계의 사고로 간주(看做)했었다. 이러한 입장을 대표하는 레비브륄에 따르면 미개인은 논리 이전의 사고방식과 비현실적 감각을 가진 존재이다. 그러나 신화 연구에 적지 않은 영향을 끼쳤고 오늘날에도 여전히 유효한 레비스트로스의 논의에 따르면 미개인과 문명인의 사고방식은 사물을 분류하는 방식과 주된 관심 영역 등이 다를 뿐, 어느 것이 더 합리적이거나 논리적이라고 할 수는 없다. 또한, 그것은 세계를 이해하는 두 가지의 서로 다른 방식 혹은 태도일 뿐이다. 신화적 사유를 비롯한 이른바 미개인의 사고방식을 가리키는 레비스트로스가 말하는 '야생의 사고'는 이러한 사고방식이 근대인 혹은 문명인 못지않게 질서와 체계에 민감하고 그 나름의 현실적, 논리적, 합리적 기반을 갖추고 있음을 함축하고 있는 개념이다.

레비스트로스의 '야생의 사고'는 신화시대와 신화적 사유를 근대적 문명에 입각한 발전론적 시각이 아닌 상대주의적 시각으로 바라보았다는 점에서 의미가 크다. 그러나 그가 신화 자체의 사유 방식이나 특성을 특정 시대의 것으로 한정(限定)하는 오류를 범하고 있다는 점에 유의해야 한다. 과거 신화 시대에 생겨난 신화적 사유는 신화가 재현되고 재생되는 한 여전히 시간과 공간을 뛰어넘어 현재화되고 있기 때문이다.

이상에서 보듯이 신화적 사유는 현실적·경험적 차원의 '진실'이나 '비진실'로 구분될 수 없다. 신화는 허구적이거나 진실한 것 모두를 '재료'로 사용할 수 있으며, 이러한 재료들은 신화적 사유의 고유 규칙과 체계에 따라 배열된다. 그러므로 신화 텍스트에서 이러한 재료들의 구성 원리를 밝히는 것은 그 신화에 반영된 신화적 사유 체계를 밝히는 것이라 할 수 있다. 또한, 이는 신화를 공유하고 전승(傳承)해 왔던 집단의 원형적 사유 체계에 접근하는 작업이라고도 할 수 있다.

① 신화는 그 고유의 규칙과 체계를 갖고 있다.
② 신화적 사유는 상상력의 산물이라 할 수 있다.
③ 신화적 사유는 특정 시대의 사유 특성에 한정된다.
④ 신화적 상상력은 상상력에 대한 통념적 인식과 차이가 있다.

11 어느 대학교의 학생을 대상으로 교양 과목 수강 내역을 조사하였더니, 심리학을 수강한 학생 중 몇 명은 한국사를 수강하였고, 경제학을 수강한 학생은 모두 정치학을 수강하였다. 그리고 경제학을 수강하지 않은 학생은 아무도 한국사를 수강하지 않은 것으로 나타났다. 이 경우 반드시 참인 것은?

① 경제학을 수강한 모든 학생은 심리학을 수강하였다.
② 한국사를 수강한 모든 학생은 심리학을 수강하였다.
③ 심리학을 수강한 학생 중 몇 명은 정치학을 수강하였다.
④ 한국사를 수강한 학생은 아무도 정치학을 수강하지 않았다.

12 S기업은 인사팀, 영업팀, 홍보팀, 기획팀, 개발팀, 디자인팀의 신입사원 20명을 대상으로 보고서 작성 교육과 사내 예절 교육을 실시하였다. 주어진 〈조건〉이 다음과 같을 때, 교육에 참석한 홍보팀 신입사원은 모두 몇 명인가?

─────〈조건〉─────
- 보고서 작성 교육에 참석한 신입사원의 수는 총 14명이다.
- 영업팀 신입사원은 중요한 팀 회의로 인해 모든 교육에 참석하지 못했다.
- 인사팀 신입사원은 사내 예절교육에만 참석하였다.
- 디자인팀 신입사원의 인원 수는 인사팀 신입사원의 2배로 모든 교육에 참석하였다.
- 최다 인원 참석팀은 개발팀이고, 인사팀과 홍보팀의 사내 예절 교육 참석인원 합과 동일하다.
- 기획팀 신입사원의 수와 인사팀 신입사원의 수는 같다.
- 사내 예절교육에 참석한 팀은 총 다섯 팀으로 16명이 참석했다.

① 0명　　　　　　　　　② 1명
③ 2명　　　　　　　　　④ 3명

13 다음 내용이 모두 참일 때, 반드시 참인 것은?

- 김팀장이 이번 주 금요일에 월차를 쓴다면, 최대리는 이번 주 금요일에 월차를 쓰지 못한다.
- 최대리가 이번 주 금요일에 월차를 쓰지 못한다면, 강사원의 프로젝트 마감일은 이번 주 금요일이다.

① 강사원의 프로젝트 마감일이 이번 주 금요일이 아니라면, 김팀장은 이번 주 금요일에 월차를 쓰지 않을 것이다.
② 강사원의 프로젝트 마감일이 금요일이라면, 최대리는 이번 주 금요일에 월차를 쓰지 않을 것이다.
③ 강사원의 프로젝트 마감일이 금요일이라면, 김팀장은 이번 주 금요일에 월차를 쓰지 않을 것이다.
④ 최대리가 이번 주 금요일에 월차를 쓰지 않는다면, 김팀장은 이번 주 금요일에 월차를 쓸 것이다.

14 직장생활 중 지속적으로 요구되는 논리적 사고는 사고의 전개에 있어서 전후의 관계가 일치하고 있는가를 살피고, 아이디어를 평가하는 능력을 의미한다. 이러한 논리적 사고는 다른 사람을 공감시켜 움직일 수 있게 하며, 짧은 시간에 헤매지 않고 사고할 수 있게 한다. 다음 중 논리적 사고를 하기 위해 필요한 구성요소에 해당하지 않는 것은?

① 자기 논리의 구조화
② 구체적인 생각
③ 생각하는 습관
④ 타인에 대한 이해

15 다음 사례를 통해 유과장이 최대리에게 해 줄 수 있는 조언으로 적절하지 않은 것은?

> 최대리는 오늘도 기분이 별로이다. 팀장에게 오전부터 싫은 소리를 들었기 때문이다. 늘 하던 일을 하던 방식으로 처리한 것이 빌미였다. 관행에 매몰되지 말고 창의적이고 발전적인 모습을 보여 달라는 게 팀장의 주문이었다. '창의적인 일처리'라는 말을 들을 때마다 주눅이 드는 자신을 발견할 때면 더욱 의기소침해지고 자신감이 없어진다. 어떻게 해야 창의적인 인재가 될 수 있을까 고민도 했지만 뾰족한 수가 보이지 않는다. 자기만 뒤처지는 것 같아 불안하기도 하고 남들은 어떤지 궁금하기도 하다.

① 창의적인 사람은 새로운 경험을 찾아 나서는 사람을 말하는 것 같아.
② 그래, 그들의 독특하고 기발한 재능은 선천적으로 타고나는 것이라 할 수 있어.
③ 창의적인 사고는 후천적 노력에 의해서도 개발이 가능하다고 생각해.
④ 창의력은 본인 스스로 자신의 틀에서 벗어나도록 노력해야 한다고 생각해.

16 신제품의 설문조사를 위하여 A ~ F를 2인 1조로 조직하여 파견을 보내려 한다. 다음 〈조건〉에 따라 2인 1조를 조직한다고 할 때, 한 조가 될 수 있는 두 사람으로 옳은 것은?

〈조건〉
- A는 C나 D와 함께 갈 수 없다.
- B는 반드시 D 아니면 F와 함께 가야 한다.
- C는 반드시 E 아니면 F와 함께 가야 한다.
- A가 C와 함께 갈 수 없다면, A는 반드시 F와 함께 가야 한다.

① A, E
② B, D
③ B, F
④ C, D

17 다음 〈조건〉에 따라 노래대회 예선이 진행된다. 甲이 심사위원장을 알아내고자 할 때, 〈보기〉에서 옳은 것을 모두 고르면?

─〈조건〉─

- 예선의 심사위원은 심사위원장 1인을 포함하여 총 4인이며, 그중 누가 심사위원장인지 참가자에게 공개되지 않는다.
- 심사위원은 참가자의 노래를 들은 후 동시에 ○ 또는 ×의 결정을 내리며, 다수결에 의해 예선 통과 여부가 결정된다.
- 만약 ○와 ×를 결정한 심사위원의 수가 같다면, 심사위원장이 ○ 결정을 한 경우 통과, × 결정을 한 경우 탈락한다.
- 4명의 참가자들은 어떤 심사위원이 자신에게 ○ 또는 × 결정을 내렸는지와 통과 또는 탈락 여부를 정확히 기억하여 甲에게 알려주었다.

─〈보기〉─

ㄱ. 4명의 참가자가 모두 심사위원 3인의 ○ 결정으로 통과했다면, 甲은 심사위원장을 알아낼 수 없다.
ㄴ. 4명의 참가자가 모두 같은 2인의 심사위원에게만 ○ 결정을 받아 탈락했다면, 甲은 심사위원장을 알아낼 수 있다.
ㄷ. 4명의 참가자가 모두 2인의 심사위원에게만 ○ 결정을 받았고, ○ 결정을 한 심사위원의 구성이 모두 다르다면, 甲은 심사위원장을 알아낼 수 있다.

① ㄱ
② ㄴ
③ ㄱ, ㄷ
④ ㄴ, ㄷ

18 H공단은 창립기념일을 맞이하여 인사팀, 영업팀, 홍보팀, 디자인팀, 기획팀에서 총 20명의 신입사원들이 나와서 장기자랑을 한다. 각 팀에서는 최소 한 명 이상 참가해야 하며, 장기자랑 종목은 춤, 마임, 노래, 마술, 기타 연주가 있다. 다음 〈조건〉이 모두 참일 때, 장기자랑에 참석한 홍보팀 사원들은 모두 몇 명이고, 어떤 종목으로 참가하는가?(단, 장기자랑 종목은 팀별로 겹칠 수 없다)

───────────────〈조건〉───────────────
• 홍보팀은 영업팀 참가 인원의 2배이다.
• 춤을 추는 팀은 총 6명이며, 인사팀은 노래를 부른다.
• 기획팀 7명은 마임을 하며, 다섯 팀 중 가장 참가 인원이 많다.
• 마술을 하는 팀은 2명이며, 영업팀은 기타 연주를 하거나 춤을 춘다.
• 디자인팀은 춤을 추며, 노래를 부르는 팀은 마술을 하는 팀 인원의 2배이다.
──────────────────────────────────

① 1명, 마술 　　　　　　　　　　② 1명, 노래
③ 2명, 기타 연주 　　　　　　　　④ 2명, 마술

19 형준, 연재, 영호, 소정이는 언어영역, 수리영역, 외국어영역으로 구성된 시험을 본 뒤 채점을 해보니 다음 〈조건〉과 같은 결과가 나타났다. 이를 참고했을 때, 반드시 참인 것은?

───────────────〈조건〉───────────────
㉠ 형준이는 언어영역에서 1등이고, 수리영역에서는 연재보다 잘했다.
㉡ 연재는 수리영역 4위가 아니다.
㉢ 소정이는 외국어영역에서 형준이보다 못했다.
㉣ 형준이는 외국어영역에서 영호와 연재에게만 뒤처졌다.
㉤ 영호는 언어영역에서 4위를 했고, 수리영역은 연재보다 못했다.
㉥ 동점자는 존재하지 않는다.
㉦ 형준이는 수리영역에서 소정이보다 못했다.
㉧ 소정이의 외국어영역 순위는 연재의 수리영역 순위에 1을 더한 것과 같다.
㉨ 평소에 소정이의 언어영역 점수는 연재의 언어영역 점수보다 좋지 않은 편이었다.
──────────────────────────────────

① 언어영역 2위는 연재이다.
② 외국어영역 3위는 형준이다.
③ 영호는 세 과목에서 모두 4위이다.
④ 연재의 언어영역 순위에 1을 더한 값은 형준이의 외국어영역 순위와 같다.

20 H공단은 2023년 신입사원을 채용하려고 한다. 최종 관문인 협동심 평가는 이전 전형까지 통과한 지원자 A ~ D 4명이 한 팀이 되어 역할을 나눠 주방에서 제한시간 내에 하나의 요리를 만드는 것이다. 재료손질, 요리보조, 요리, 세팅 및 정리 4개의 역할이 있고, 협동심 평가 후 지원자별 기존 성적에 가산점을 더하여 최종점수를 계산해 채용하려고 한다. 〈조건〉에 따라 지원자들의 의견을 모두 수렴하여 역할을 선정한 내용으로 바르게 짝지은 것은?

〈지원자별 성적〉

(단위 : 점)

A지원자	B지원자	C지원자	D지원자
90	95	92	97

〈역할별 가산점〉

(단위 : 점)

재료손질	요리보조	요리	세팅 및 정리
5	3	7	9

※ 협동심 평가의 각 역할은 한 명만 수행할 수 있다.

〈조건〉
• C지원자는 주부습진이 있어 재료손질 역할을 원하지 않는다.
• A지원자는 깔끔한 성격으로 세팅 및 정리 역할을 원한다.
• D지원자는 손재주가 없어 재료손질 역할을 원하지 않는다.
• B지원자는 적극적인 성격으로 어떤 역할이든지 자신 있어 한다.
• 최종점수는 100점을 넘을 수 없다.

	재료손질	요리보조	요리	세팅 및 정리
①	B	C	D	A
②	B	D	C	A
③	C	A	D	B
④	C	D	A	B

※ 다음은 H공단 조직도의 일부이다. 이를 참고하여 이어지는 질문에 답하시오. [21~22]

21 다음 중 H공단의 각 부서와 업무 간의 연결이 적절하지 않은 것은?

① ㉠ : 수입 · 지출 예산 편성 및 배정 관리

② ㉡ : 공단사업 관련 연구과제 개발 및 추진

③ ㉢ : 복무관리 및 보건 · 복리 후생

④ ㉣ : 예산집행 조정, 통제 및 결산 총괄

22 다음 중 정보보안전담반의 업무로 적절하지 않은 것은?

① 정보보안기본지침 및 개인정보보호지침 제 · 개정 관리

② 직원 개인정보보호 의식 향상 교육

③ 개인정보종합관리시스템 구축 · 운영

④ 전문자격 출제정보시스템 구축 · 운영

※ 다음은 포터의 산업구조분석기법(5 Force Model)에 대한 자료이다. 이를 보고 이어지는 질문에 답하시오.
 [23~24]

포터의 산업구조분석기법에 따르면 특정 산업의 수익성 및 매력도는 산업의 구조적 특성에 의해 영향을 받으며, 이는 5가지 힘에 의해 결정된다고 보았다.

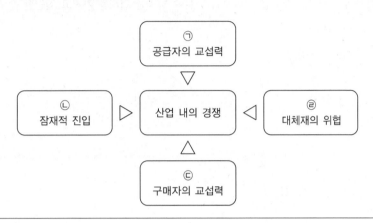

23 포터의 산업구조분석기법에 따라 반도체산업의 구조를 분석한다고 할 때, 다음 중 ㉠~㉣에 해당하는 사례로 적절하지 않은 것은?

① ㉠ : IT 시장의 지속적인 성장에 따라 반도체의 수요가 증가하면서 반도체산업의 수익률도 증가하고 있다.
② ㉡ : 생산설비 하나를 설치하는 데도 막대한 비용이 발생하는 반도체산업에 투자할 수 있는 기업은 많지 않다.
③ ㉢ : 반도체산업에는 컴퓨터 제조업자와 같은 대형구매자가 존재한다.
④ ㉣ : 메모리형 반도체는 일상재로 품질과 디자인 면에서 어느 회사의 제품이든 별 차이가 없기 때문에 가격경쟁이 치열하다.

24 다음 중 구매자의 교섭력이 가장 높은 상황으로 옳은 것은?

① 구매자의 구매량이 판매자의 규모보다 작을 때
② 시장에 소수 기업의 제품만 존재할 때
③ 구매자가 직접 상품을 생산할 수 있을 때
④ 공급자의 제품 차별성이 높을 때

25 다음 중 집단의사결정의 특징으로 적절하지 않은 것은?

① 한 사람이 가진 지식보다 집단의 지식과 정보가 더 많기 때문에 보다 효과적인 결정을 할 확률이 높다.

② 의사를 결정하는 과정에서 구성원 간의 갈등은 불가피하다.

③ 여럿의 의견을 일련의 과정을 거쳐 모은 것이기 때문에 결과는 얻을 수 있는 것 중에서 최선이다.

④ 구성원 각자의 시각으로 문제를 바라보기 때문에 다양한 견해를 가지고 접근할 수 있다.

26 H공단에서는 부패방지 교육을 위해 오늘 일과 중 1시간을 반영하여 각 부서별로 토론식 교육을 할 것을 지시하였다. 귀하의 직급은 사원으로, 적당한 교육시간을 판단하여 보고하여야 한다. 부서원의 스케줄이 다음과 같을 때, 교육을 편성하기에 가장 적절한 시간은 언제인가?

시간	직급별 스케줄				
	부장	차장	과장	대리	사원
09:00 ~ 10:00	부서장 회의				
10:00 ~ 11:00					비품 신청
11:00 ~ 12:00			협력업체 응대		
12:00 ~ 13:00	점심식사				
13:00 ~ 14:00	부서 업무 회의				
14:00 ~ 15:00					타 지사 방문
15:00 ~ 16:00				일일 업무 결산	
16:00 ~ 17:00		업무보고			
17:00 ~ 18:00	업무보고				

① 09:00 ~ 10:00

② 10:00 ~ 11:00

③ 13:00 ~ 14:00

④ 14:00 ~ 15:00

27 다음 상황에서 팀장의 지시를 적절히 수행하기 위하여 오대리가 거쳐야 할 부서명을 순서대로 바르게 나열한 것은?

> 오대리, 내가 내일 출장 준비 때문에 바빠서 자네가 좀 도와줘야 할 것 같군. 우선 박비서한테 가서 오후 사장님 회의 자료를 좀 가져다 주게나. 오는 길에 지난주 기자단 간담회 자료 정리가 되었는지 확인해 보고 완료됐으면 한 부 챙겨오고. 다음 주에 승진자 발표가 있을 것 같은데 우리 팀 승진 대상자 서류가 잘 전달되었는지 그것도 확인 좀 해 줘야겠어. 참, 오후에 바이어가 내방하기로 되어 있는데 공항 픽업 준비는 잘 해 두었지? 배차 예약 상황도 다시 한번 점검해 봐야 할 거야. 그럼 수고 좀 해 주게.

① 기획팀 – 홍보팀 – 총무팀 – 경영관리팀
② 비서실 – 홍보팀 – 인사팀 – 총무팀
③ 인사팀 – 법무팀 – 총무팀 – 기획팀
④ 비서실 – 법무팀 – 총무팀 – 인사팀

28 다음 〈보기〉에서 경영의 4요소로 옳은 것을 모두 고르면?

─〈보기〉─
ㄱ. 조직의 목적을 달성하기 위해 경영자가 수립하는 것으로, 더욱 구체적인 방법과 과정이 담겨 있다.
ㄴ. 조직에서 일하는 구성원으로 경영은 이들의 직무수행에 기초하여 이루어지기 때문에 이것의 배치 및 활용이 중요하다.
ㄷ. 생산자가 상품 또는 서비스를 소비자에게 유통하는 데 관련된 모든 체계적 경영활동이다.
ㄹ. 특정의 경제적 실체에 관하여 이해관계를 이루는 사람들에게 합리적인 경제적 의사결정을 하는 데 유용한 재무적 정보를 제공하기 위한 일련의 과정 또는 체계이다.
ㅁ. 경영하는 데 사용할 수 있는 돈으로, 이것이 충분히 확보되는 정도에 따라 경영의 방향과 범위가 정해지게 된다.
ㅂ. 조직이 변화하는 환경에 적응하기 위하여 경영활동을 체계화하는 것으로, 목표달성을 위한 수단이다.

① ㄱ, ㄴ, ㄷ, ㄹ
② ㄱ, ㄴ, ㄷ, ㅁ
③ ㄱ, ㄴ, ㅁ, ㅂ
④ ㄷ, ㄹ, ㅁ, ㅂ

29 다음 중 조직변화의 유형에 대한 설명으로 가장 적절한 것은?

① 조직변화는 제품과 서비스, 전략, 구조, 기술, 문화 등에서 이루어질 수 있다.
② 고객을 늘리거나 새로운 시장을 확대하기 위해 새로운 기술을 도입한다.
③ 조직의 목적을 달성하고 효율성을 높이기 위해 제품이나 서비스를 변화한다.
④ 신기술이 발명되었을 때나 생산성을 높이기 위해 전략이나 구조를 개선시킨다.

30 다음은 H공단의 해외시장 진출 및 지원 확대를 위한 전략과제의 필요성을 제시한 자료이다. 다음 중 이를 통해 도출된 과제의 추진방향으로 가장 적절하지 않은 것은?

전략 과제 필요성
1. 해외시장에서 기관이 수주할 수 있는 산업 발굴
2. 국제사업 수행을 통한 경험축적 및 컨소시엄을 통한 기술·노하우 습득
3. 해당 산업 관련 민간기업의 해외진출 활성화를 위한 실질적 지원

① 국제기관의 다양한 자금을 활용하여 사업을 발굴하고, 해당 사업의 해외진출을 위한 기술역량을 강화한다.

② 해외봉사활동 등과 연계하여 기관 이미지 제고 및 사업에 대한 사전조사, 시장조사를 통한 선제적 마케팅 활동을 추진한다.

③ 국제경쟁입찰의 과열 경쟁 심화와 컨소시엄 구성 시 민간기업과 업무배분, 이윤 추구성향 조율에 어려움이 예상된다.

④ 해당 산업 민간(중소)기업을 대상으로 입찰 정보제공, 사업전략 상담, 동반 진출 등을 통한 실질적 지원을 확대한다.

31 H공단 인사부에 근무하는 김대리는 신입사원들의 교육점수를 다음과 같이 정리한 후 VLOOKUP 함수를 이용해 교육점수별 등급을 입력하려고 한다. [E2:F8]의 데이터값을 이용해 (A) 셀에 함수식을 입력한 후 자동 채우기 핸들로 사원들의 교육점수별 등급을 입력할 때, (A) 셀에 입력해야 할 함수식으로 알맞은 것은?

	A	B	C	D	E	F
1	사원	교육점수	등급		교육점수	등급
2	최○○	100	(A)		100	A
3	이○○	95			95	B
4	김○○	95			90	C
5	장○○	70			85	D
6	정○○	75			80	E
7	소○○	90			75	F
8	신○○	85			70	G
9	구○○	80				

① = VLOOKUP(B2,E2:F8,2,1)

② = VLOOKUP(B2,E2:F8,2,0)

③ = VLOOKUP(B2,$E$2:$F$8,2,0)

④ = VLOOKUP(B2,$E$2:$F$8,1,0)

32 다음 중 입사일이 2009년 6월 1일인 직원의 오늘 현재까지의 근속 일수를 구하려고 할 때 가장 적당한 함수 사용법은?

① =TODAY() − DAY(2009, 6, 1)

② =TODAY() − DATE(2009, 6, 1)

③ =DATE(2009, 6, 1) − TODAY()

④ =DAY(2009, 6, 1) − TODAY()

33 다음 중 한글의 스타일(Style)에 대한 설명으로 옳지 않은 것은?

① 자주 사용하는 글자 모양이나 문단 모양을 미리 정해 놓고 쓰는 것을 말한다.

② 특정 문단을 사용자가 원하는 스타일로 변경할 수 있다.

③ 해당 문단의 글자 모양과 문단 모양을 한꺼번에 바꿀 수 있다.

④ 스타일을 적용하려면 항상 범위를 설정하여야 한다.

34 다음은 한글의 기능을 설명한 내용이다. 빈칸 (가), (나)에 들어갈 용어가 바르게 연결된 것은?

> 한글의 기능 중 자주 쓰이는 문자열을 따로 등록해 놓았다가, 필요할 때 등록한 준말을 입력하면 본말 전체가
> 입력되도록 하는 기능을 ___(가)___ (이)라고 하고, 본문에 들어가는 그림이나 표, 글상자, 그리기 개체, 수식
> 에 번호와 제목, 간단한 설명 등을 붙이는 기능을 ___(나)___ (이)라고 한다.

	(가)	(나)
①	매크로	캡션달기
②	매크로	메일머지
③	스타일	메일머지
④	상용구	캡션달기

35 다음 중 빈칸에 들어가기에 적합한 용어는?

> PC본체와 주변 장치를 접속하는 케이블과 커넥터의 형상, 데이터 운송 방식 등의 방법은 규격화되어 있으며,
> 이 접속 규격을 _____라고 한다.

① 입출력 인터페이스

② 시리얼 인터페이스

③ 패러럴 인터페이스

④ 네트워크 인터페이스

36 다음 중 컴퓨터 바이러스에 대한 설명으로 적절하지 않은 것은?

① 사용자가 인지하지 못한 사이 자가 복제를 통해 다른 정상적인 프로그램을 감염시켜 해당 프로그램이나 다른 데이터 파일 등을 파괴한다.

② 보통 소프트웨어 형태로 감염되나, 메일이나 첨부파일은 감염의 확률이 매우 낮다.

③ 인터넷의 공개 자료실에 있는 파일을 다운로드하여 설치할 때 감염될 수 있다.

④ 온라인 채팅이나 인스턴트 메신저 프로그램을 통해서 전파되기도 한다.

37 다음 중 컴퓨터 시스템을 안정적으로 사용하기 위한 관리 방법으로 적절하지 않은 것은?

① 컴퓨터를 이동하거나 부품을 교체할 때는 반드시 전원을 끄고 작업하는 것이 좋다.

② 직사광선을 피하고 습기가 적으며 통풍이 잘 되고 먼지 발생이 적은 곳에 설치한다.

③ 시스템 백업 기능을 자주 사용하면 시스템 바이러스 감염 가능성이 커진다.

④ 디스크 조각 모음에 대해 예약 실행을 설정하여 정기적으로 최적화한다.

38 사원코드 두 번째 자리의 숫자에 따라 팀이 구분된다. 1은 홍보팀, 2는 기획팀, 3은 교육팀이라고 할 때, 팀명을 구하기 위한 함수로 옳은 것은?

	A	B	C	D	E
1	직원 명단				
2	이름	사원코드	직급	팀명	입사년도
3	강민희	J1203	부장		1980
4	김범민	J1526	과장		1982
5	조현진	J3566	과장		1983
6	최진석	J1523	부장		1978
7	한기욱	J3214	대리		1998
8	정소희	J1632	부장		1979
9	김은정	J2152	대리		1999
10	박미옥	J1125	대리		1997

① IF, MATCH

② CHOOSE, RIGHT

③ COUNTIF, MID

④ CHOOSE, MID

※ 귀하는 지점별 매출 및 매입 현황을 정리하고 있다. 이어지는 질문에 답하시오. [39~40]

	A	B	C	D	E	F
1	지점명	매출	매입			
2	주안점	2,500,000	1,700,000			
3	동암점	3,500,000	2,500,000		최대 매출액	
4	간석점	7,500,000	5,700,000		최소 매출액	
5	구로점	3,000,000	1,900,000			
6	강남점	4,700,000	3,100,000			
7	압구정점	3,000,000	1,500,000			
8	선학점	2,500,000	1,200,000			
9	선릉점	2,700,000	2,100,000			
10	교대점	5,000,000	3,900,000			
11	서초점	3,000,000	1,900,000			
12	합계					

39 다음 중 매출과 매입의 합계를 구할 때 사용할 함수는?

① REPT
② SUM
③ AVERAGE
④ CHOOSE

40 다음 중 [F3] 셀을 구하는 함수식으로 옳은 것은?

① =MIN(B2:B11)
② =MAX(B2:B11)
③ =MIN(C2:C11)
④ =MAX(C2:C11)

41 빨강, 파랑, 노랑, 검정의 4가지 색을 다음 ㄱ, ㄴ, ㄷ, ㄹ에 칠하려고 한다. 같은 색을 여러 번 사용해도 상관없으나, 같은 색을 이웃하여 칠하면 안 된다. 색칠하는 전체 경우의 수는?

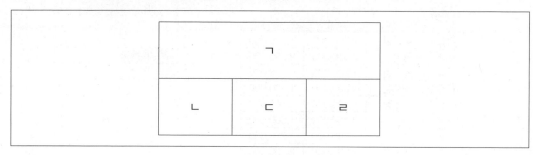

① 24가지
② 48가지
③ 64가지
④ 72가지

42 H매장에서는 신제품 출시로 인한 〈이벤트〉를 다음과 같이 진행한다. 이때 이월상품은 원래 가격에서 얼마나 할인된 가격으로 판매되는가?

〈이벤트〉
• 전 품목 20% 할인
• 이월상품 추가 10% 할인

① 27%
② 28%
③ 29%
④ 30%

43 팀 A ~ C에 대한 근무만족도 조사를 한 결과 근무만족도 평균이 〈보기〉와 같을 때, 이에 대한 설명으로 옳은 것은?

〈보기〉
• A팀은 근무만족도 평균이 80이다.
• B팀은 근무만족도 평균이 90이다.
• C팀은 근무만족도 평균이 40이다.
• A팀과 B팀의 근무만족도 평균은 88이다.
• B팀과 C팀의 근무만족도 평균은 70이다.

① C팀의 사원 수는 짝수다.
② A팀의 사원의 근무만족도 평균이 가장 낮다.
③ B팀의 사원 수는 A팀 사원 수의 2배수다.
④ A, B, C팀의 근무만족도 평균은 70이 넘지 않는다.

44 다음은 천식 의사진단율을 나타낸 자료이다. 이를 해석한 내용으로 옳은 것은?(단, 소수점 첫째 자리에서 절사한다)

구분	남학생		여학생	
	분석대상자 수(명)	진단율(%)	분석대상자 수(명)	진단율(%)
중1	5,178	9.1	5,011	6.7
중2	5,272	10.8	5,105	7.6
중3	5,202	10.2	5,117	8.5
고1	5,069	10.4	5,096	7.6
고2	5,610	9.8	5,190	8.2
고3	5,293	8.7	5,133	7.6

〈천식 의사진단율〉

① 분석대상자 수는 남학생과 여학생 모두 학년이 올라갈수록 증가한다.
② 중학교와 고등학교 모두 학년별 남학생의 수가 여학생의 수보다 많다.
③ 중학교 때는 각 학년 남학생의 천식 진단율이 여학생보다 높았지만 고등학교 때는 반대이다.
④ 천식 진단을 받은 여학생의 수는 중·고등학교 모두 남학생보다 적다.

45 다음은 H기업의 재화 생산량에 따른 총 생산비용의 변화를 나타낸 자료이다. 기업의 생산 활동과 관련하여 옳은 것을 〈보기〉에서 모두 고르면?(단, 재화 1개당 가격은 7만 원이다)

생산량(개)	0	1	2	3	4	5
총 생산비용(만 원)	5	9	12	17	24	33

─────〈보기〉─────

ㄱ. 2개와 5개를 생산할 때의 이윤은 동일하다.
ㄴ. 이윤을 극대화할 수 있는 최대 생산량은 4개이다.
ㄷ. 4개에서 5개로 생산량을 증가시킬 때 이윤은 증가한다.
ㄹ. 1개를 생산하는 것보다 생산을 하지 않는 것이 손해가 적다.

① ㄱ, ㄴ   ② ㄱ, ㄷ
③ ㄴ, ㄷ   ④ ㄷ, ㄹ

46 H공사의 A, B부서는 각각 4명, 6명으로 구성되어 있다. A, B부서는 업무 관련 자격증 시험에 단체로 응시하였고, 이들의 전체 평균 점수는 84점이었다. A부서의 평균 점수가 81점이라고 할 때, B부서의 평균 점수는 몇 점인가?

① 89점
③ 87점

② 88점
④ 86점

47 다음은 소양강댐의 수질정보에 대한 자료이다. 이에 대한 내용으로 옳지 않은 것은?

〈소양강댐의 수질정보〉

(단위 : ℃, mg/L)

구분	수온	DO	BOD	COD
1월	5	12.0	1.4	4.1
2월	5	11.5	1.1	4.5
3월	8	11.3	1.3	5.0
4월	13	12.1	1.5	4.6
5월	21	9.4	1.5	6.1
6월	23	7.9	1.3	4.1
7월	27	7.3	2.2	8.9
8월	29	7.1	1.9	6.3
9월	23	6.4	1.7	6.6
10월	20	9.4	1.7	6.9
11월	14	11.0	1.5	5.2
12월	9	11.6	1.4	6.9

※ DO : 용존산소량
※ BOD : 생화학적 산소요구량
※ COD : 화학적 산소요구량

① 조사기간 중 8월의 수온이 가장 높았다.
② DO가 가장 많았을 때와 가장 적었을 때의 차는 5.7mg/L이다.
③ 소양강댐의 COD는 항상 DO보다 적었다.
④ 7월 대비 12월 소양강댐의 BOD 감소율은 30% 이상이다.

48 다음은 물이용부담금 총액에 대한 자료이다. 이에 대한 〈보기〉 중 옳지 않은 것은?

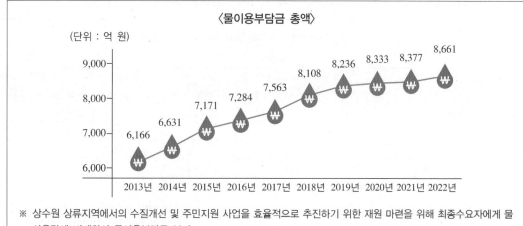

※ 상수원 상류지역에서의 수질개선 및 주민지원 사업을 효율적으로 추진하기 위한 재원 마련을 위해 최종수요자에게 물 사용량에 비례하여 물이용부담금 부과
※ 한강, 낙동강, 영·섬유역의 물이용부담금 단가는 170원/m³, 금강유역은 160원/m³

〈보기〉
㉠ 물이용부담금 총액은 지속적으로 증가하는 추세를 보이고 있다.
㉡ 2014 ~ 2022년 중 물이용부담금 총액이 전년 대비 가장 많이 증가한 해는 2015년이다.
㉢ 2022년 물이용부담금 총액에서 금강유역 물이용부담금 총액이 차지하는 비중이 20%라면, 2022년 금강 유역에서 사용한 물의 양은 약 10.83억m³이다.
㉣ 2022년 물이용부담금 총액은 전년 대비 약 3.2% 이상 증가했다.

① ㉠
② ㉡
③ ㉢
④ ㉣

49 H공단은 회사 복지 프로그램인 A ~ C안에 대한 투표를 진행했다. 총 50명의 직원이 한 표씩 행사했고, 지금까지의 개표 결과는 다음과 같다. 무효표 없이 모두 정상적으로 투표했다고 할 때, A, B안의 득표수와 상관없이 C안이 선정되려면 최소 몇 표가 더 필요한가?

〈개표 중간 결과〉		
A안	B안	C안
15표	8표	6표

① 16표
② 15표
③ 14표
④ 13표

50 다음은 H국 국회의원의 SNS(소셜네트워크서비스) 이용자 수 현황에 대한 자료이다. 이를 이용하여 작성한 그래프로 옳지 않은 것은?(단, 소수점 둘째 자리에서 반올림한다)

〈H국 국회의원의 SNS 이용자 수 현황〉

(단위 : 명)

구분	정당	당선 횟수별				당선 유형별		성별	
		초선	2선	3선	4선 이상	지역구	비례대표	남자	여자
여당	A	82	29	22	12	126	19	123	22
야당	B	29	25	13	6	59	14	59	14
	C	7	3	1	1	7	5	10	2
합계		118	57	36	19	192	38	192	38

① 국회의원의 여야별 SNS 이용자 수

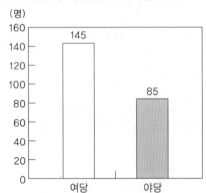

② 남녀 국회의원의 여야별 SNS 이용자 구성비

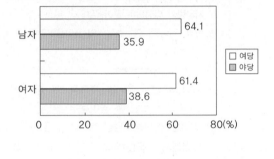

③ 야당 국회의원의 당선 횟수별 SNS 이용자 구성비

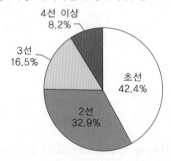

④ 2선 이상 국회의원의 정당별 SNS 이용자 수

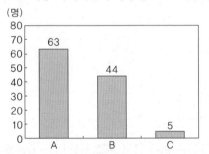

제4회
해양환경공단

NCS
직업기초능력평가

〈문항 및 시험시간〉

평가영역	문항 수	시험시간	모바일 OMR 답안채점/성적분석 서비스
의사소통+문제해결+조직이해+정보+수리	50문항	50분	

제4회 모의고사

01 다음 글의 서술상 특징으로 가장 적절한 것은?

> 미국의 언어생태학자 '드와잇 볼링거'는 물과 공기 그리고 빛과 소리처럼 흐르는 것은 하나같이 오염 물질을 지니고 있으며 그것은 언어도 예외가 아니라고 밝힌다. 실제로 환경 위기나 생태계 위기 시대에 언어 오염은 환경 오염 못지않게 아주 심각하다. 환경 오염이 자연을 죽음으로 몰고 가듯이 언어 오염도 인간의 정신을 황폐하게 만든다.
>
> 그동안 말하고 글을 쓰는 방법에서 그야말로 엄청난 변화가 일어났다. 얼마 전까지만 하더라도 사람들은 말을 하거나 글을 쓸 때는 어느 정도 격식과 형식을 갖추었다. 그러나 구어든 문어든 지금 사람들이 사용하는 말이나 글은 불과 수십 년 전 사람들이 사용하던 그것과는 달라서 마치 전보문이나 쇼핑 목록을 적어 놓은 쪽지와 같다. 전통적인 의사소통에서는 '무엇'을 말하느냐와 마찬가지로 '어떻게' 말하느냐가 중요했다. 그러나 지금은 '어떻게' 말하느냐는 뒷전으로 밀려나고 오직 '무엇'을 말하느냐가 앞쪽에 나선다. 그러다 보니 말이나 글이 엑스레이로 찍은 사진처럼 살은 없고 뼈만 앙상하게 드러나 있다.
>
> 전자 기술의 눈부신 발달에 힘입어 영상 매체가 활자 매체를 밀어내고 그 자리에 이미지의 왕국을 세우면서 언어 오염은 날이 갈수록 더욱 심해져만 간다. 문명이 발달하면서 어쩔 수 없이 환경 오염이 생겨나듯이 언어 오염도 문명의 발달에 따른 자연스러운 언어 현상이므로 그렇게 우려할 필요가 없다고 주장하는 학자도 없지 않다. 그러나 컴퓨터를 통한 통신어에 따른 언어 오염은 이제 위험 수준을 훨씬 넘어 아주 심각한 지경에 이르렀다. 환경 오염을 그대로 내버려 두면 환경 재앙을 맞게 될 것이 불을 보듯 뻔한 것처럼 언어 오염도 인간의 영혼과 정신을 멍들게 할 뿐만 아니라 궁극적으로는 아예 의사소통 자체를 불가능하게 만들지도 모른다. '언어 재앙'이 이제 눈앞의 현실로 바짝 다가왔다.

① 구체적인 근거를 제시하여 자신의 주장을 뒷받침하고 있다.

② 기존의 견해를 비판하면서 새로운 견해를 제시하고 있다.

③ 비유를 사용하여 상대방의 논리를 지지하고 있다.

④ 권위 있는 학자의 주장을 인용하여 내용을 전개하고 있다.

02 다음 글의 ⊙ ～ ⨉에 대한 고쳐 쓰기 방안으로 적절하지 않은 것은?

시간을 잘 관리하는 사람은 서두르지 않으면서 늦는 법이 없다. 시간의 주인으로 살기 때문이다. 반면, 시간을 잘 관리하지 못하는 사람은 잡다한 일로 늘 바쁘지만 놓치는 것이 많다. 시간에 묶이기 때문이다. 당신은 어떤 사람인가.

⊙ 하지만 이 말이 일분일초의 여유도 없이 빡빡하게 살라는 말은 아니다. 주어진 순간순간을 밀도 있게 사는 것은 중요하다. 우리는 목표를 정하고 부수적인 것들을 정리하면서 삶의 곳곳에 비는 시간을 ⨋ 만들어져야 한다. 자동차와 빌딩으로 가득한 도시에 공원이 필요하듯 우리의 시간에도 여백이 필요한 것이다. 조금은 비워 두고 무엇이든 자유롭게 할 수 있는 여백은 우리 삶에서 꼭 필요하다. ⨍ 인생의 기쁨은 자존감에 바탕을 둔 배려심에서 나온다. 목표를 향해 가면서 우리는 예상치 못한 일에 맞닥뜨릴 수 있다. 그러한 뜻밖의 상황에서 시간의 여백이 없다면 우리는 문제를 해결하지 못해 목표와 방향을 잃어버릴지도 모른다. ⨎ 그러므로 시간의 여백을 만드는 것은 현명한 삶을 위한 최고의 시간 관리라 할 수 있다.

① ⊙ : 문맥을 고려하여 뒷문장과 순서를 바꾸는 것이 좋겠어.
② ⨋ : 문장 성분 간의 호응을 고려하여 '만들어야'로 고치는 것이 좋겠어.
③ ⨍ : 글의 통일성을 고려하여 삭제하는 것이 좋겠어.
④ ⨎ : 문장의 연결 관계를 고려하여 '또한'으로 바꾸는 것이 좋겠어.

03 신입사원 A는 입사 후 처음으로 보고서를 작성하게 되었는데, 보고서라는 양식 자체에 대한 이해가 부족하다는 생각이 들어서 인터넷을 통해 보고서에 대해 알아보았다. 다음 중 A사원이 이해한 내용으로 가장 적절한 것은?

① 전문용어는 이해하기 어렵기 때문에 최대한 사용하지 말아야 해.
② 상대가 요구하는 것이 무엇인지 파악하는 것이 가장 중요해. 상대의 선택을 받아야 하니까.
③ 이해를 돕기 위해서 관련 자료는 최대한 많이 첨부하는 것이 좋아.
④ 문서와 관련해서 받을 수 있는 질문에 대비해야 해.

04 다음 글을 통해 추론할 수 있는 것은?

> 바다 속에 서식했던 척추동물의 조상형 동물들은 체와 같은 구조를 이용하여 물속의 미생물을 걸러 먹었다. 이들은 몸집이 아주 작아서 물속에 녹아 있는 산소가 몸 깊숙한 곳까지 자유로이 넘나들 수 있었기 때문에 별도의 호흡계가 필요하지 않았다. 그런데 몸집이 커지면서 먹이를 거르던 체와 같은 구조가 호흡 기능까지 갖게 되어 마침내 아가미 형태로 변형되었다. 즉, 소화계의 일부가 호흡 기능을 담당하게 된 것이다. 그 후 호흡계의 일부가 변형되어 허파로 발달하고, 그 허파는 위장으로 이어지는 식도 아래쪽으로 뻗어 나갔다. 한편, 공기가 드나드는 통로는 콧구멍에서 입천장을 뚫고 들어가 입과 아가미 사이에 자리 잡게 되었다. 이러한 진화 과정을 보여 주는 것이 폐어(肺魚) 단계의 호흡계 구조이다.
>
> 이후 진화 과정이 거듭되면서 호흡계와 소화계가 접하는 지점이 콧구멍 바로 아래로부터 목 깊숙한 곳으로 이동하였다. 그 결과 머리와 목구멍의 구조가 변형되지 않는 범위 내에서 호흡계와 소화계가 점차 분리되었다. 즉, 처음에는 길게 이어져 있던 호흡계와 소화계의 겹친 부위가 점차 짧아졌고, 마침내 하나의 교차점으로만 남게 된 것이다. 이것이 인간을 포함한 고등 척추동물에서 볼 수 있는 호흡계의 기본 구조이다. 따라서 음식물로 인한 인간의 질식 현상은 척추동물 조상형 단계를 지나 자리 잡게 된 허파의 위치(당시에는 최선의 선택) 때문에 생겨난 진화의 결과라 할 수 있다.

① 진화는 순간순간에 필요한 대응일 뿐 최상의 결과를 내는 과정이 아니다.
② 조상형 동물은 몸집이 커지면서 호흡기능의 중요성이 줄어드는 대신 소화기능이 중요해졌다.
③ 폐어 단계의 호흡계 구조에서 갖고 있던 아가미는 척추동물의 허파로 진화하였다.
④ 지금의 척추동물과는 달리 조상형 동물들은 산소를 필요로 하지 않았다.

05 다음 중 밑줄 친 부분과 같은 의미로 쓰인 것은?

> 소속팀의 예선 탈락 소식을 들은 그는 충격을 <u>받았다</u>.

① 갑자기 몰려드는 손님을 <u>받느라</u> 정신이 없다.
② 네가 원하는 요구 조건을 <u>받아</u> 주기 어렵다.
③ 그녀는 환경 연구 논문으로 학위를 <u>받았다</u>.
④ 그는 과도한 업무로 인해 많은 스트레스를 <u>받았다</u>.

06 다음 중 제시된 문단을 논리적 순서대로 바르게 나열한 것은?

(가) 고창 갯벌은 서해안에 발달한 갯벌로서 다양한 해양 생물의 산란·서식지이며, 어업인들의 삶의 터전으로 많은 혜택을 주었다. 그러나 최근 축제식 양식과 육상에서부터 오염원 유입 등으로 인한 환경 변화로 체계적인 이용·관리 방안이 지속적으로 요구됐다.

(나) 정부는 전라북도 고창 갯벌 약 11.8km²를 '습지보전법'에 의한 '습지보호지역'으로 지정하며 고시한다고 밝혔다. 우리나라에서 일곱 번째로 지정되는 고창 갯벌은 칠면초·나문재와 같은 다양한 식물이 자생하고, 천연기념물인 황조롱이와 멸종 위기종을 포함한 46종의 바닷새가 서식하는, 생물 다양성이 풍부하며 보호 가치가 큰 지역으로 나타났다.

(다) 정부는 이번 습지보호지역으로 지정된 고창 갯벌을 람사르 습지로 등록할 계획이며, 제2차 연안습지 기초조사를 실시하여 보전 가치가 높은 갯벌뿐만 아니라 훼손된 갯벌에 대한 관리도 강화해 나갈 계획이다.

(라) 습지보호지역으로 지정되면 이 지역에서 공유수면 매립, 골재 채취 등의 갯벌 훼손 행위는 금지되나, 지역 주민이 해 오던 어업 활동이나 갯벌 이용 행위에는 특별한 제한이 없다.

① (가) – (나) – (다) – (라)
② (가) – (라) – (나) – (다)
③ (나) – (가) – (라) – (다)
④ (다) – (가) – (나) – (라)

07 다음 중 빈칸에 들어갈 내용으로 가장 적절한 것은?

멋이라는 것도 일상생활의 단조로움이나 생활의 압박에서 해방되려는 노력의 하나일 것이다. 끊임없이 일상의 복장, 그 복장이 주는 압박감에서 벗어나기 위해 옷을 잘 차려입는 사람은 그래도 멋쟁이다. 삶을 공리적 계산으로서가 아니라 즐김의 대상으로 볼 수 있게 해 주는 활동, 가령 서도(書道)라든가 다도(茶道)라든가 꽃꽂이라든가 하는 일을 즐길 줄 아는 사람을 우리는 생활의 멋을 아는 사람이라고 말한다. 그러나 그렇다고 해서 값비싸고 화려한 복장, 어떠한 종류의 스타일과 수련을 전제하는 활동만이 멋을 나타내는 것은 아니다. 때에 따라서는 털털한 옷차림, 아무런 세련도 겉죽에 내세울 것이 없는 툭툭한 생활 태도가 멋있게 생각될 수도 있다. 기준적인 것에 변화를 더하는 것이 중요한 것이다. 그러나 기준으로부터 편차가 너무 커서는 안 된다. 혐오감을 불러일으킬 정도의 몸가짐, 몸짓 또는 생활 태도는 멋이 있는 것으로 생각되지 않는다. 편차는 어디까지나 기준에 의해서만 존재하는 것이다. 따라서 _____

① 멋은 어떤 의도가 결부되지 않았을 때 자연스럽게 창조되는 것이다.
② 멋은 다른 사람의 관점을 존중하며 사회적 관습에 맞게 창조해야 한다.
③ 멋은 일상적인 것을 뛰어넘는 비범성을 가장 본질적인 특징으로 삼는 것이다
④ 멋은 나와 남의 눈이 부딪치는 사회적 공간에서 형성되는 것이라고 할 수 있다.

08 김부장은 직원들의 위생 관리를 위해 관련 기사를 매주 월요일마다 제공하고 있다. 다음 중 관련 기사를 본 직원들의 반응으로 옳지 않은 것은?

올해 첫 비브리오패혈증 환자 발생…예방수칙 지키세요!
어패류 충분히 가열해 먹어야…피부 상처 있으면 바닷물 접촉 금지

올해 첫 비브리오패혈증 환자가 발생했다. 질병관리본부는 만성 간 질환자와 당뇨병 환자, 알코올 중독자 등 비브리오패혈증 고위험군은 감염 예방을 위해 각별한 주의를 당부했다.

질병관리본부에 따르면 올해 첫 비브리오패혈증 환자는 이달 발생해 항생제 치료를 받고 현재는 회복한 상태이다. 이 환자는 B형간염을 동반한 간경화를 기저질환으로 앓고 있는 상태이며, 질병관리본부는 역학조사를 통해 위험요인 등을 확인하고 있다.

비브리오패혈증은 어패류를 날로 또는 덜 익혀 먹었을 때, 상처 난 피부가 오염된 바닷물에 접촉했을 때 감염될 수 있으며 급성 발열과 오한, 복통, 구토, 설사 등의 증세가 나타난다. 이후 24시간 이내에 발진, 부종 등 피부 병변이 생기기 시작해 수포가 형성되고 점차 범위가 커지며 괴사성 병변으로 진행된다. 특히 간 질환이나 당뇨병 등 만성질환, 알코올 중독자, 백혈병 환자, 면역결핍 환자 등 고위험군은 치사율이 50%까지 높아지므로 더욱 주의해야 한다.

비브리오패혈증은 6월부터 10월 사이에 주로 발생하고, 환자는 9월에 가장 많이 나오며, 비브리오패혈증균은 지난 3월 전라남도 여수시 해수에서 올해 처음으로 검출된 이후 전남과 경남, 인천, 울산의 바다에서 계속 확인되고 있다.

비브리오패혈증 예방을 위해서는 어패류를 충분히 가열해 먹고 피부에 상처가 있는 사람은 오염된 바닷물과 접촉을 금지해야 한다. 또 어패류는 가급적 5℃ 이하로 저온 저장하고 어패류를 요리한 도마, 칼 등은 소독 후 사용해야 한다.

---

① 강대리 : 건강검진에서 간 수치가 높게 나왔는데 어패류를 날로 먹지 않는 것이 좋겠어요.
② 박사원 : 어패류 조리 시 해수로 깨끗이 씻어야겠어요.
③ 최사원 : 어패류를 먹고 발열이나 복통증세가 나타나면 비브리오패혈증을 의심할 수 있겠어요.
④ 윤과장 : 어패류를 요리한 도마, 칼 등은 항상 소독 후 사용하는 습관을 들여야겠어요.

일중독자란 일을 하지 않으면 초조해하거나 불안해하는 증상이 있는 사람을 지칭한다. 이는 1980년대 초부터 사용하기 시작한 용어로, 미국의 경제학자 W. 오츠의 저서 『워커홀릭』에서도 확인할 수 있다. 일중독은 여러 원인이 있지만 보통 경제력에 대해 강박관념을 가지고 있는 사람, 완벽을 추구하거나 성취지향적인 사람, 자신의 능력을 과장되게 생각하는 사람, 배우자와 가정으로부터 도피하려는 성향이 강한 사람, 외적인 억압으로 인하여 일을 해야만 한다고 정신이 변한 사람 등에게 나타나는 경향이 있다.

일중독 증상을 가진 사람들의 특징은 일을 하지 않으면 불안해하고 외로움을 느끼며, 자신의 가치가 떨어진다고 생각한다는 것이다. 따라서 일에 지나치게 집착하는 모습을 보이며, 이로 인해 사랑하는 연인 또는 가족과 소원해지며 인간관계에 문제를 겪는 모습을 볼 수 있다. 하지만 모든 일중독이 이렇듯 부정적인 측면만 있는 것은 아니다. 노는 것보다 일하는 것이 더욱 즐겁다고 여기는 경우도 있다. 예를 들어, 자신의 관심사를 직업으로 삼은 사람들이 이에 해당한다. 이 경우 일 자체에 흥미를 느끼게 된다.

일중독에도 유형이 다양하다. 그중 계획적이고 합리적인 관점에서 업무를 수행하는 일중독자가 있는 반면, 일명 '비효율적인 일중독자'라 일컬어지는 일중독자도 있다. 비효율적인 일중독자는 크게 '지속적인 일중독자', '주의결핍형 일중독자', '폭식적 일중독자', '배려적 일중독자' 네 가지로 나누어 설명할 수 있다. 첫 번째로 '지속적인 일중독자'는 매일 야근도 불사하고, 휴일이나 주말에도 일을 놓지 못하는 유형이다. 이러한 유형은 완벽에 대해 기준을 높게 잡고 있기 때문에 본인은 물론이고 주변 동료에게도 완벽을 강요한다. 두 번째로 '주의결핍형 일중독자'는 모두가 안 될 것 같다고 만류하는 일이나 한 번에 소화할 수 없을 만큼 많은 업무를 담당하는 유형이다. 이러한 유형은 완벽하게 일을 해내고 싶다는 부담감 등으로 인해 결국 업무를 제대로 마무리하지 못하는 경우가 대부분이다. 세 번째로 '폭식적 일중독자'는 음식을 과다 섭취하는 폭식처럼 일을 한 번에 몰아서 하는 유형이다. 간단히 보면 이러한 유형은 일중독과는 거리가 멀다고 생각할 수 있지만, 일을 완벽하게 해내고 싶다는 사고에 사로잡혀 있으나 두려움에 선뜻 일을 시작하지 못한다는 점에서 일중독 중 하나로 간주한다. 마지막으로 '배려적 일중독자'는 다른 사람의 업무 등에 지나칠 정도로 책임감을 느끼는 유형이다.

이렇듯 일중독자란 일에 지나치게 집착하는 사람으로 생각할 수도 있지만, 일중독인 사람들은 일로 인해 자신의 자존감이 올라가고 가치가 매겨진다 생각하기도 한다. 그러나 이러한 일중독자가 단순히 업무에 많은 시간을 소요하는 사람이라는 인식은 재고할 필요가 있다.

① 장기적인 계획을 세워 업무를 수행하는 A사원
② K사원의 업무에 책임감을 느끼며 괴로워하는 B대리
③ 마감 3일 전에 한꺼번에 일을 몰아서 하는 C주임
④ 휴일이나 주말에도 집에서 업무를 수행하는 D사원

10 다음 글의 논지 전개상 빈칸에 들어갈 말로 가장 적절한 것은?

전통문화는 근대화의 과정에서 해체되는 것인가, 아니면 급격한 사회 변동의 과정에서도 유지될 수 있는 것인가? 전통문화의 연속성과 재창조는 왜 필요하며, 어떻게 이루어지는가? 외래문화의 토착화(土着化), 한국화(韓國化)는 사회 변동과 문화 변화의 과정에서 무엇을 의미하는가? 이상과 같은 의문들은 오늘날 한국 사회에서 논란의 대상이 되고 있으며, 입장에 따라 상당한 견해 차이도 드러내고 있다.

전통의 유지와 변화에 대한 견해 차이는 오늘날 한국 사회에서 단순하게 보수주의와 진보주의의 차이로 이해될 성질의 것이 아니다. 한국 사회의 근대화는 이미 한 세기의 역사를 가지고 있으며, 앞으로도 계속되어야 할 광범하고 심대(深大)한 사회 구조적 변동이다. 그렇기 때문에, 보수주의적 성향을 가진 사람들도 전통문화의 변질을 어느 정도 수긍하지 않을 수 없는가 하면, 사회 변동의 강력한 추진 세력 또한 문화적 전통의 확립을 주장하지 않을 수 없다.

또 한국 사회에서 전통문화의 변화에 관한 논의는 단순히 외래문화이냐 전통문화이냐의 양자택일적인 문제가 될 수 없다는 것도 명백하다. 근대화는 전통문화의 연속성과 변화를 다 같이 필요로 하며, 외래문화의 수용과 그 토착화 등을 함께 요구하는 것이기 때문이다. 그러므로 전통을 계승하고 외래문화를 수용할 때에 무엇을 취하고 무엇을 버릴 것이냐 하는 문제도 단순히 문화의 보편성(普遍性)과 특수성(特殊性)이라고 하는 기준에서만 다룰 수는 없다. 근대화라고 하는 사회 구조적 변동이 문화 변화를 결정지을 것이기 때문에, 전통문화의 변화 문제를 ＿＿＿＿＿＿＿＿＿＿＿＿에서 다루어 보는 분석이 매우 중요하리라고 생각한다.

① 보수주의의 시각　　　　　　　　② 진보주의의 시각
③ 사회 변동의 시각　　　　　　　　④ 외래와 전통의 시각

※ 다음 사례를 읽고 이어지는 질문에 답하시오. [11~12]

〈상황〉

설탕과 프림을 넣지 않은 고급 인스턴트 블랙커피를 커피믹스와 같은 스틱 형태로 선보이겠다는 아이디어를 제시하였지만, 인스턴트커피를 제조하고 판매하는 G회사의 경영진의 반응은 차가웠다. G회사의 커피믹스가 너무 잘 판매되고 있었기 때문이었다.

〈회의 내용〉

기획팀 부장 : 신제품 개발과 관련된 회의를 진행하도록 하겠습니다. 이 자리는 누구에게 책임이 있는지를 묻는 회의가 아닙니다. 신제품 개발에 대한 서로의 상황을 인지하고 문제 상황을 해결하자는 데 그 의미가 있습니다. 먼저 신제품 개발과 관련하여 마케팅팀 의견을 제시해 주십시오.

마케팅 부장 : A제품이 생산될 수 있도록 연구소 자체 공장에 파일럿 라인을 만들어 샘플을 생산하였으면 합니다.

연구소 소장 : 성공 여부가 불투명한 신제품을 위한 파일럿 라인을 만들기는 어렵습니다.

기획팀 부장 : 조금이라도 신제품 개발을 위해 생산현장에서 무언가 협력할 방안은 없을까요?

마케팅 부장 : 고급 인스턴트커피의 생산이 가능한지를 먼저 알아본 후 한 단계씩 전진하면 어떨까요?

기획팀 부장 : 좋은 의견인 것 같습니다. 소장님은 어떻게 생각하십니까?

연구소 소장 : 커피 전문점 수준의 고급 인스턴트커피를 만들기 위해서는 최대한 커피 전문점이 만드는 커피와 비슷한 과정을 거쳐야 할 것 같습니다.

마케팅 부장 : 그렇습니다. 하지만 100% 커피전문점 원두커피를 만드는 것이 아닙니다. 전문점 커피를 100으로 봤을 때, 80~90% 정도 수준이면 됩니다.

연구소 소장 : 퀄리티는 높이고 일회용 스틱 형태의 제품인 믹스의 사용 편리성은 그대로 두자는 이야기죠?

마케팅 부장 : 그렇습니다. 우선 커피를 추출하는 장비가 필요합니다. 또한, 액체인 커피를 봉지에 담지 못하니 동결건조방식을 활용해야 할 것 같습니다.

연구소 소장 : 보통 믹스커피는 하루 1t 분량의 커피를 만들 수 있는데, 이야기한 방법으로는 하루에 100kg도 못 만듭니다.

마케팅 부장 : 예, 잘 알겠습니다. 그 부분에 대해서는 조금 더 논의가 필요할 것 같습니다. 검토를 해보겠습니다.

---

11 마케팅 부장이 취하고 있는 문제해결 방법은 무엇인가?

① 소프트 어프로치 ② 하드 어프로치
③ 퍼실리테이션 ④ 비판적 사고

12 G회사의 신제품 개발과 관련하여 가장 필요했던 것은?

① 전략적 사고 ② 분석적 사고
③ 발상의 전환 ④ 내・외부자원의 효과적 활용

13 갑과 을이 다음 〈조건〉에 따라 게임을 할 때, 이에 대한 추론으로 옳지 않은 것은?

─────〈조건〉─────

• 갑과 을은 다음과 같이 시각을 표시하는 하나의 시계를 가지고 게임을 한다.

| 0 | 9 | : | 1 | 5 |

• 갑과 을 각자가 일어났을 때, 시계에 표시된 4개의 숫자를 더하여 숫자의 합이 더 작은 사람이 이기는 방식으로 게임의 승패를 결정한다(단, 숫자의 합이 같을 때에는 비긴 것으로 간주한다).
• 갑은 오전 6:00 ~ 6:59에 일어나고, 을은 오전 7:00 ~ 7:59에 일어난다.

① 갑이 오전 6시 정각에 일어나면, 반드시 갑이 이긴다.
② 을이 오전 7시 59분에 일어나면, 반드시 을이 진다.
③ 을이 오전 7시 30분에 일어나고 갑이 오전 6시 30분 전에 일어나면, 반드시 갑이 이긴다.
④ 갑과 을이 정확히 1시간 간격으로 일어나면, 반드시 갑이 이긴다.

14 H공단 근처에는 A ~ E 5개의 약국이 있으며, 공휴일에는 A ~ E약국 중 단 2곳만 영업을 한다. 다음 〈조건〉을 참고할 때, 반드시 참인 것은?(단, 한 달간 약국의 공휴일 영업일수는 서로 같다)

─────〈조건〉─────

• 이번 달의 공휴일은 총 5일이다.
• 오늘은 세 번째 공휴일이며, 현재 A와 C약국이 영업하고 있다.
• D약국은 오늘을 포함하여 이번 달 남은 공휴일에 더 이상 영업하지 않는다.
• E약국은 마지막 공휴일에 영업한다.
• A와 E약국은 이번 달 공휴일에 D약국과 함께 이미 한 번씩 영업하였다.

① A약국은 이번 달 두 번의 공휴일에 연속으로 영업한다.
② 이번 달 B와 E약국이 함께 영업하는 공휴일은 없다.
③ B약국은 두 번째, 네 번째 공휴일에 영업한다.
④ 네 번째 공휴일에 영업하는 약국은 B와 C이다.

15 다음 빈칸에 들어갈 말로 적절하지 않은 것은?

> 비판적 사고는 어떤 주제나 주장 등에 대해서 적극적으로 분석하고 종합하며 평가하는 능동적인 사고이다. 이러한 비판적 사고는 어떤 논증, 추론, 증거, 가치를 표현한 사례를 타당한 것으로 수용할 것인가 아니면 불합리한 것으로 거절할 것인가에 대한 결정을 내릴 때 요구되는 사고력이다. 비판적 사고를 개발하기 위해서는 _____과 같은 태도가 요구된다.

① 체계성　　　　　　　　　　　② 결단성
③ 예술성　　　　　　　　　　　④ 지적 호기심

16 다음 자료를 참고할 때, 〈보기〉에 제시된 주민등록번호 빈칸에 해당하는 숫자는?

> 우리나라에서 국민에게 발급하는 주민등록번호는 각각의 번호가 고유한 번호로, 13자리 숫자로 구성된다. 13자리 숫자는 생년, 월, 일, 성별, 출생신고지역, 접수번호, 검증번호로 구분된다.
>
>
>
> 여기서 13번째 숫자인 검증번호는 주민등록번호의 정확성 여부를 검사하는 번호로, 앞의 12자리 숫자를 이용해서 구해지는데 계산법은 다음과 같다.
> - 1단계 : 주민등록번호의 앞 12자리 숫자에 가중치 2, 3, 4, 5, 6, 7, 8, 9, 2, 3, 4, 5를 곱한다.
> - 2단계 : 가중치를 곱한 값의 합을 계산한다.
> - 3단계 : 가중치의 합을 11로 나눈 나머지를 구한다.
> - 4단계 : 11에서 나머지를 뺀 수를 10으로 나눈 나머지가 검증번호가 된다.

───〈보기〉───

240202-803701( )

① 4　　　　　　　　　　　② 5
③ 6　　　　　　　　　　　④ 7

※ 다음은 낱말퍼즐 게임에 대한 설명이다. 이어지는 질문에 답하시오. [17~18]

<낱말퍼즐 게임 규칙>

1 B	2 M	3 A	4 J
5 P	6 Y	7 L	8 D
9 X	10 E	11 O	12 R
13 C	14 K	15 U	16 I

- 4×4 낱말퍼즐에는 위와 같이 각 조각당 숫자 1개와 알파벳 1개가 함께 적혀 있다.
- 게임을 하는 사람은 '가 ~ 다' 카드 3장 중 2장을 뽑아 카드에 적힌 규칙대로 조각끼리 자리를 바꿔 단어를 만든다.
- 카드는 '가', '나', '다' 각 1장이 있고, 뽑힌 각 1장의 카드로 낱말퍼즐 조각 2개를 다음과 같은 방식으로 1회 맞바꿀 수 있다.

구분	내용
가	낱말퍼즐 조각에 적힌 숫자가 소수인 조각끼리 자리 바꿈
나	낱말퍼즐 조각에 적힌 숫자를 5로 나눈 나머지가 같은 조각끼리 자리 바꿈
다	홀수가 적혀 있는 낱말퍼즐 조각끼리 자리 바꿈

- 카드 2장을 모두 사용할 필요는 없다.
- '단어'란, 낱말퍼즐에서 같은 가로 혹은 세로 줄에 있는 4개의 문자를 가로는 왼쪽에서부터 세로는 위에서부터 차례대로 읽는 것을 의미한다.

17 규칙에 따라 게임을 진행할 때, 다음 〈보기〉 중 옳은 것을 모두 고르면?

─〈보기〉─

ㄱ. 카드 '가', '다'를 뽑았다면 'BEAR'라는 단어를 만들 수 있다.
ㄴ. 카드 '나', '다'를 뽑았다면 'MEAL'이라는 단어를 만들 수 있다.
ㄷ. 카드 '가', '나'를 뽑았다면 'COLD'라는 단어를 만들 수 있다.

① ㄱ
② ㄴ
③ ㄱ, ㄷ
④ ㄴ, ㄷ

18 사용 가능한 '가 ~ 다' 카드 중 '나, 다' 카드를 다음과 같이 교체하였다. 변경된 카드와 기존의 게임 규칙에 따라 게임을 진행할 때, 〈보기〉 중 옳지 않은 것을 모두 고르면?

〈교체 사항〉

구분	내용
가	낱말퍼즐 조각에 적힌 숫자가 소수인 조각끼리 자리 바꿈
나	낱말퍼즐 조각에 적힌 숫자를 5로 나눈 나머지가 같은 조각끼리 자리 바꿈
다	홀수가 적혀 있는 낱말퍼즐 조각끼리 자리 바꿈

↓

구분	내용
가	낱말퍼즐 조각에 적힌 숫자가 소수인 조각끼리 자리 바꿈
라	낱말퍼즐 조각에 적힌 숫자를 4로 나눈 나머지가 같은 조각끼리 자리 바꿈
마	낱말퍼즐 조각에 적힌 숫자를 더하여 15를 초과하는 낱말퍼즐 조각끼리 자리 바꿈

─〈보기〉─

ㄱ. 카드 '가', '라'를 뽑았다면 'PLAY'라는 단어를 만들 수 있다.
ㄴ. 카드 '가', '마'를 뽑았다면 'XERO'라는 단어를 만들 수 있다.
ㄷ. 카드 '라', '마'를 뽑았다면 'COLD'라는 단어를 만들 수 있다.

① ㄱ 　　　　　　② ㄷ
③ ㄱ, ㄴ 　　　　　④ ㄱ, ㄷ

19 8명이 앉을 수 있는 원탁에 각 지역 대표가 참여하여 회의하고 있다. 각 지역 대표는 다음 〈조건〉에 따라 앉아있을 때, 경인 대표의 맞은편에 앉은 대표는 누구인가?

〈조건〉
- 서울, 부산, 대구, 광주, 대전, 경인, 춘천, 속초 대표가 참여하였다.
- 서울 대표는 12시 방향에 앉아 있다.
- 서울 대표의 오른쪽 두 번째는 대전 대표이다.
- 부산 대표는 경인 대표의 왼쪽에 앉는다.
- 대전 대표와 부산 대표 사이에는 광주 대표가 있다.
- 광주 대표와 대구 대표는 마주 보고 있다.
- 서울 대표와 대전 대표 사이에는 속초 대표가 있다.

① 대전 대표

② 부산 대표

③ 대구 대표

④ 속초 대표

20 H공사의 A ~ C는 이번 신입사원 교육에서 각각 인사, 마케팅, 영업 교육을 맡게 되었다. 다음 〈조건〉을 참고할 때, 바르게 연결된 것은?

〈조건〉
- 교육은 각각 2시간, 1시간 30분, 1시간 동안 진행된다.
- A, B, C 중 2명은 과장이며, 나머지 한 명은 부장이다.
- 부장은 B보다 짧게 교육을 진행한다.
- A가 가장 오랜 시간 동안 마케팅 교육을 진행한다.
- 교육 시간은 인사 교육이 가장 짧다.

직원	담당 교육	교육 시간
① B과장	인사 교육	1시간
② B부장	영업 교육	1시간
③ C부장	인사 교육	1시간
④ C부장	영업 교육	1시간 30분

21 H는 취업스터디에서 기업 분석을 하다가 〈보기〉에서 제시하고 있는 기업의 경영 전략을 정리하였다. 다음 중 카테고리에 맞도록 배치한 것은?

> • 차별화 전략 : 가격 이상의 가치로 브랜드 충성심을 이끌어 내는 전략
> • 원가우위 전략 : 업계에서 가장 낮은 원가로 우위를 확보하는 전략
> • 집중화 전략 : 특정 세분시장만 집중공략하는 전략

〈보기〉

> ㉠ I기업은 S/W에 집중하기 위해 H/W의 한글전용 PC분야를 한국계 기업과 전략적으로 제휴하고 회사를 설립해 조직체에 위양하였으며, 이후 고유분야였던 S/W에 자원을 집중하였다.
> ㉡ B마트는 재고 네트워크를 전산화해 원가를 절감하고 양질의 제품을 최저가격에 판매하고 있다.
> ㉢ A호텔은 5성급 호텔로 하루 숙박비용이 상당히 비싸지만, 환상적인 풍경과 더불어 친절한 서비스를 제공하고 객실 내 제품이 모두 최고급으로 비치되어 있어 이용객들에게 높은 만족도를 준다.

	차별화 전략	원가우위 전략	집중화 전략
①	㉠	㉡	㉢
②	㉠	㉢	㉡
③	㉢	㉡	㉠
④	㉢	㉠	㉡

22 다음 중 경영전략 추진과정에서 (A) 부분에 대한 사례의 성격이 다른 것은?

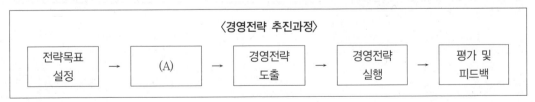

① 제품 개발을 위해 우리가 가진 예산의 현황을 파악해야 해.
② 우리 제품의 시장 개척을 위해 법적으로 문제가 없는지 확인해 봐야겠군.
③ 이번에 발표된 정부의 정책으로 우리 제품이 어떠한 영향을 받을 수 있는지 확인해 볼 필요가 있어.
④ 신제품 출시를 위해 경쟁사들의 동향을 파악해 봐야겠어.

※ 다음과 같은 기관의 조직도와 부서별 수행 업무를 참고하여 이어지는 질문에 답하시오. **[23~24]**

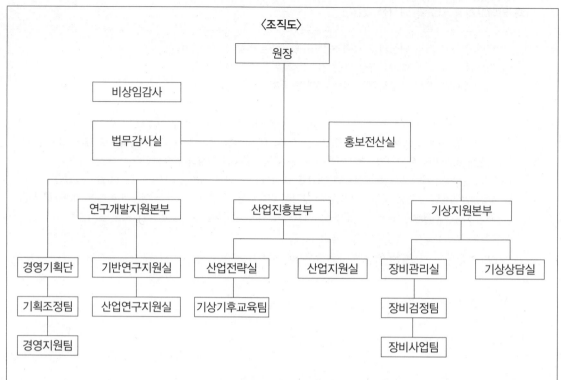

〈조직도〉

〈부서별 수행 업무〉

부서명	수행 업무
기반연구지원실	R&D 규정 및 지침 등 제도관리, 평가위원 및 심의위원 운영 관리 등
산업연구지원실	기상산업 R&D 사업관리 총괄, 도농사업 운영 관리 제도개선 등
산업전략실	날씨경영 지원사업, 기상산업 통계 관리 및 분석, 날씨경영우수기업 선정제도 운영 등
기상기후교육팀	교육사업 기획 및 사업비 관리, 기상산업 전문인력 양성사업, 교육 현장 관리 등
산업지원실	부서 중장기 기획 및 사업운영, 산업육상 사업 기획 및 운영, 개도국 기상기후 공적사업 운영, 국제협력 사업 운영 및 관리 등
장비검정팀	지상기상관측장비 유지보수 관리, 기상장비 실내검정, 비교 관측 및 개발·관리, 지역별 현장검정 및 유지보수 관리 등
장비사업팀	기상관측장비 구매·유지보수 관리, 기상관측선 및 해양기상기지 유지보수지원, 항공 업무보조 등
기상상담실	기상예보해설 및 상담업무 지원, 기상상담실 상담품질관리, 대국민 기상상담 등

23 다음은 이 기관에서 제공하고 있는 교육훈련과정 안내 중 일부 내용이다. 교육 내용과 가장 관련 높은 부서로 옳은 것은?

- 주요내용 : 기상산업 R&D 정책 및 사업화 추진 전략
- 교육대상 : 국가 R&D 지원 사업 종사자 및 참여 예정자 등
- 모집인원 : ○○명
- 교육일 수/시간 : 2일, 총16시간

일자	시간	교육 내용
1일차	09:00 ~ 09:50 10:00 ~ 13:50 14:00 ~ 17:50	• 기상산업 R&D 정책 및 추진현황 • R&D 기술수요조사 활용 전략 • R&D 사업 제안서 작성
2일차	09:00 ~ 11:50 13:00 ~ 17:50	• R&D 지식재산권 확보, 활용 전략 • R&D 성과 사업화 추진 전략

① 기상기후교육팀
② 기반연구지원실
③ 기상상담실
④ 산업연구지원실

24 다음은 이 기관의 입찰공고 중 일부 내용이다. 공고문과 가장 관련 높은 부서로 옳은 것은?

1. 입찰에 부치는 사항

구매관리번호 : 12162-0194-00
수 요 기 관 : H기관
계 약 방 법 : 제한경쟁(총액)
품   명 : 기타수리서비스
수량 및 단위 : 1식
인 도 조 건 : 과업내역에 따름
분 할 납 품 : 가능
입 찰 방 법 : 제한(총액) / 협상에 의한 계약
납 품 기 한 : 2023.07.31.
추 정 가 격 : 36,363,636원(부가세 별도)
입 찰 건 명 : 항만기상관측장비 유지보수·관리 용역
입 찰 방 식 : 전자입찰
※ 가격개찰은 수요기관의 제안서 평가 후 진행합니다.
----

① 장비검정팀
② 산업전략실
③ 산업지원실
④ 장비사업팀

25 다음은 H가구(주)의 시장 조사 결과 보고서이다. 회사가 마련해야 할 마케팅 전략으로 적절한 것을 〈보기〉에서 모두 고르면?

- 조사 기간 : 2023. 01. 11. ~ 2023. 01. 21.
- 조사 품목 : 돌침대
- 조사 대상 : 주부 1,000명
- 조사 결과
  - 소비자의 건강에 대한 관심 증대
  - 소비자는 가격보다 제품의 기능을 우선적으로 고려
  - 취급 점포가 너무 많아서 점포 관리가 체계적이지 못함
  - 자사 제품의 가격이 낮아서 품질도 떨어지는 것으로 인식됨

─〈보기〉─

ㄱ. 유통 경로를 늘린다.
ㄴ. 고급화 전략을 추진한다.
ㄷ. 박리다매 전략을 이용한다.
ㄹ. 전속적 또는 선택적 유통 전략을 도입한다.

---

① ㄱ, ㄴ   ② ㄱ, ㄷ
③ ㄴ, ㄷ   ④ ㄴ, ㄹ

26 C사원은 베트남에서의 국내 자동차 판매량에 대해 조사를 하던 중에 한 가지 특징을 발견했다. 베트남 사람들은 간접적인 방법을 통해 구매하는 것보다 매장에 직접 방문해 구매하는 것을 더 선호한다는 사실이다. 이를 참고하여 C사원이 기획한 신사업 전략으로 옳지 않은 것은?

① 인터넷과 TV 광고 등 비대면채널 홍보를 활성화한다.
② 쾌적하고 깔끔한 매장 환경을 조성한다.
③ 언제 손님이 방문할지 모르므로 매장에 항상 영업사원을 배치한다.
④ 매장 곳곳에 홍보물을 많이 비치해둔다.

27 김부장과 박대리는 H공단의 고객지원실에서 근무하고 있다. 다음 상황에서 김부장이 박대리에게 지시할 사항으로 가장 적절한 것은?

• 부서별 업무분장
  – 인사혁신실 : 신규 채용, 부서/직무별 교육계획 수립/시행, 인사고과 등
  – 기획조정실 : 조직문화 개선, 예산사용계획 수립/시행, 대외협력, 법률지원 등
  – 총무지원실 : 사무실, 사무기기, 차량 등 업무지원 등

〈상황〉

박대리 : 고객지원실에서 사용하는 A4 용지와 볼펜이 부족해서 비품을 신청해야 할 것 같습니다. 그리고 지난번에 말씀하셨던 고객 상담 관련 사내 교육 일정이 이번에 확정되었다고 합니다. 고객지원실 직원들에게 관련 사항을 전달하려면 교육 일정 확인이 필요할 것 같습니다.

---

① 인사혁신실에 전화해서 비품 신청하고, 전화한 김에 교육 일정도 확인해서 나한테 알려 줘요.
② 총무지원실에 가서 교육 일정 확인하고, 간 김에 비품 신청도 하고 오세요.
③ 기획조정실에 가서 교육 일정 확인하고, 인사혁신실에 가서 비품 신청하고 오도록 해요.
④ 총무지원실에 전화해서 비품 신청하고, 인사혁신실에서 교육 일정 확인해서 나한테 알려 줘요.

28 경영활동을 이루는 구성요소를 고려할 때, 다음 중 경영활동으로 옳지 않은 것은?

(가) 다음 시즌 우승을 목표로 해외 전지훈련에 참여하여 열심히 구슬땀을 흘리고 있는 선수단과 이를 운영하는 구단 직원들
(나) 자발적인 참여로 뜻을 같이한 동료들과 함께 어려운 이웃을 찾아다니며 봉사활동을 펼치고 있는 S씨
(다) 교육지원대대장으로서 사병들의 교육이 원활히 진행될 수 있도록 훈련장 관리와 유지에 최선을 다하고 있는 W대령과 참모진
(라) 영화 촬영을 앞두고 시나리오와 제작 콘셉트를 회의하기 위해 모인 감독 및 스태프와 출연 배우들

---

① (가)　　　　　　　　　　　② (나)
③ (다)　　　　　　　　　　　④ (라)

29 신입사원인 귀하는 사수인 S주임에게 다음과 같이 컴퓨터 바탕화면이 지저분하고 어수선하다는 지적을 받았다. 이를 바탕으로 컴퓨터 바탕화면을 정리하고자 할 때, 적절하지 않은 것은?

> S주임 : 윈도우 바탕화면에 최소한의 필요요소만 남기고 나머지는 보이지 않도록 하는 것이 좋아요. 업무 중에 자주 사용하는 파일이나 프로그램은 잘 찾을 수 있도록 바탕화면에 놓아두세요. 나머지 프로그램이나 파일들은 폴더를 만들어서 정리해야 해요. 업무 항목별로 폴더를 몇 가지 만들어서, 그 안에 다시 폴더를 만들어 하위분류를 해두면 쉽게 찾을 수 있어요. 그런데 항목별로 분류를 했는데도 한 폴더 안에 파일이 많으면 찾는 데 오래 걸리니까, 그럴 땐 가장 최근에 진행한 업무 파일이 맨 앞으로 오도록 정리하면 효율적이에요. 마지막으로 폴더 안에서도 최근에 진행한 주요 업무들이 상위 카테고리에 오게 하고 나머지는 따로 정리해두세요. 바탕화면 정리가 어려운 거 같아도 막상 시작하면 얼마 안 걸리니까 얼른 정리하고 다시 업무 시작합시다!

① 엑셀, 한글, 파워포인트 등의 프로그램은 바탕화면에 남겨두었다.
② 오랫동안 진행하지 않은 파일들은 따로 하나의 폴더에 모아두었다.
③ 폴더 안에 파일이 많을 때는 가나다 순으로 정렬하여 파일 제목으로 찾기 쉽도록 하였다.
④ 폴더 안에 하위 폴더를 여러 개 두어 소분류 별로 파일을 배치해두었다.

30 다음 사례의 쟁점과 협상전략이 바르게 연결된 것은?

> 대기업 영업부장인 김봉구 씨는 기존 재고를 처리할 목적으로 업체 W사와 협상 중이다. 그러나 W사는 자금 부족을 이유로 이를 거절하고 있다. 하지만 김봉구 씨는 자신의 회사에서 물품을 제공하지 않으면 W사가 매우 곤란한 지경에 빠진다는 사실을 알고 있다. 그래서 김봉구 씨는 앞으로 W사와 거래하지 않을 것이라는 엄포를 놓았다.

① 자금 부족 – 협력전략
② 재고 처리 – 갈등전략
③ 재고 처리 – 경쟁전략(강압전략)
④ 정보 부족 – 양보전략(유화전략)

31 H교사는 학생들의 상·벌점을 관리하고 있다. 학생들에 대한 상·벌점 영역인 [B3:B9]에 대해 [셀 서식] − [사용자 지정 형식] 기능을 이용하여 양수는 파란색으로, 음수는 빨간색으로 표현하고자 할 때, 표시 형식의 내용으로 옳은 것은?(단, [B3:B9]의 영역의 표시결과는 그대로 나타나야 한다)

	A	B
1	〈상·벌점 현황〉	
2	이름	상·벌점
3	감우성	10
4	김지훈	8
5	김채연	−12
6	나선정	−5
7	도지환	15
8	도현수	7
9	모수빈	13

① [빨강]#;[파랑]#
② [파랑]#;[빨강] − #
③ [파랑] + #;[빨강] − #
④ [파랑]#;[빨강]#

32 다음 중 한글의 편집기능에 대한 설명으로 옳지 않은 것은?

① [삽입] 상태에서 내용을 입력하면 커서의 위치에 기록되어 있던 내용이 지워지며 입력된다.
② 문서 편집 시 [Insert] 키를 이용하여 [삽입]이나 [수정]으로 전환할 수 있다.
③ [삽입]·[수정] 상태 모두 임의의 내용을 영역 지정한 후 [Delete] 키를 누르면 영역을 지정한 곳의 내용은 모두 삭제된다.
④ [삽입] 상태에서 [Space Bar] 키를 누르면 커서가 이동하면서 공백이 하나씩 삽입된다.

33 다음 중 바이오스(Basic Input Output System)에 대한 설명으로 옳은 것은?

① 한번 기록한 데이터를 빠른 속도로 읽을 수 있지만, 다시 기록할 수 없는 메모리이다.
② 컴퓨터의 전원을 켜면 맨 처음 컴퓨터의 제어를 맡아 가장 기본적인 기능을 처리해 주는 프로그램이다.
③ 기억된 정보를 읽어내기도 하고, 다른 정보를 기억시킬 수도 있는 메모리이다.
④ 주변 장치와 컴퓨터 처리 장치 간에 데이터를 전송할 때 처리 지연을 단축하기 위해 보조 기억 장치를 완충 기억 장치로 사용하는 것이다.

34 다음 시트에서 [E2] 셀에 「=DCOUNT(A1:C9,2,A12:B14)」 함수를 입력했을 때 결괏값으로 옳은 것은?

	A	B	C	D	E
1	부서	성명	나이		결괏값
2	영업부	이합격	28		
3	인사부	최시대	29		
4	총무부	한행복	33		
5	영업부	김사랑	42		
6	영업부	오지현	36		
7	인사부	이수미	38		
8	총무부	이지선	37		
9	총무부	한기수	25		
10					
11					
12	부서	나이			
13	영업부				
14		>30			

① 0   ② 2

③ 3   ④ 6

35 다음 〈보기〉는 한글의 표시기능에 대해 설명한 내용이다. 옳게 설명한 것을 모두 고르면?

─────────〈보기〉─────────
(가) 장평은 문자와 문자 사이의 간격을 의미하며, 장평 조절을 통해 가독성을 높일 수 있다.
(나) 상태표시줄에 표시되는 정보로는 현재 쪽, 단 정보, 현재 쪽 내에서의 커서 위치, 삽입/수정 상태를 볼 수 있다.
(다) 문서 작성 시 스크롤바를 이용하여 화면을 상·하로 이동할 수 있으나, 좌·우로는 이동할 수 없다.
(라) 조판 부호는 표나 글상자, 그림, 머리말 등을 기호화하여 표시하는 숨은 문자를 말한다.

① (가), (나)   ② (나), (다)

③ (나), (라)   ④ (다), (라)

36 다음 대화에서 S사원이 답변할 내용으로 적절하지 않은 것은?

> P과장 : 자네, 마우스도 거의 만지지 않고 Windows를 사용하다니 신기하군. 방금 바탕화면에 있는 창들이 모두 사라졌는데 어떤 단축키를 눌렀나?
>
> S사원 : 네, 과장님. [Windows] 키와 [D]를 함께 누르면 바탕화면에 펼쳐진 모든 창이 최소화됩니다. 이렇게 주요한 단축키를 알아두면 업무에 많은 도움이 됩니다.
>
> P과장 : 그렇군. 나도 자네에게 몇 가지를 배워서 활용해 봐야겠어.
>
> S사원 : 우선 자주 사용하는 단축키를 알려드리겠습니다.
>
>   첫 번째로 _____

① [Windows]+[E]를 누르면 Windows 탐색기를 열 수 있습니다.

② [Windows]+[Home]을 누르면 현재 보고 있는 창을 제외한 나머지 창들이 최소화됩니다.

③ 잠시 자리를 비울 때 [Windows]+[L]을 누르면 잠금화면으로 전환할 수 있습니다.

④ [Alt]+[W]를 누르면 현재 사용하고 있는 창을 닫을 수 있습니다.

37 다음 중 데이터 유효성 검사에 대한 설명으로 옳지 않은 것은?

① 목록의 값들을 미리 지정하여 데이터 입력을 제한할 수 있다.

② 입력할 수 있는 정수의 범위를 제한할 수 있다.

③ 유효성 조건 변경 시 변경 내용을 범위로 지정된 모든 셀에 적용할 수 있다.

④ 목록으로 값을 제한하는 경우 드롭다운 목록의 너비를 지정할 수 있다.

38 다음 중 [A1:A2] 영역을 선택한 후 채우기 핸들을 아래쪽으로 드래그했을 때, [A5] 셀에 입력될 값으로 옳은 것은?

	A	B	C	D	D	E
1	월요일					
2	수요일					
3						
4						
5						

A1 ▼ f_x 월요일

① 월요일

② 화요일

③ 수요일

④ 목요일

39 다음 시트에서 [A7] 셀에 「＝$A$1＋$A2」를 입력한 후 [A7] 셀을 복사하여 [C8] 셀에 붙여넣기 했을 때, [C8] 셀에 표시되는 결괏값으로 옳은 것은?

	A	B	C
1	1	2	3
2	2	4	6
3	3	6	9
4	4	8	12
5	5	10	15
6			
7			
8			

① 1   ② 3

③ 4   ④ 10

40 다음 워크시트를 참조하여 작성한 수식 「＝INDEX(A3:E9,MATCH(SMALL(B3:B9,2),B3:B9,0),5)」의 결괏값으로 옳은 것은?

	A	B	C	D	E
1				(단위 : 개, 원)	
2	상품명	판매수량	단가	판매금액	원산지
3	참외	5	2,000	10,000	대구
4	바나나	12	1,000	12,000	서울
5	감	10	1,500	15,000	부산
6	포도	7	3,000	21,000	대전
7	사과	20	800	16,000	광주
8	오렌지	9	1,200	10,800	전주
9	수박	8	10,000	80,000	춘천

① 21,000   ② 광주

③ 15,000   ④ 대전

41 H공단의 신입사원 채용시험 응시자가 200명이었다. 시험점수의 전체 평균은 55점, 합격자의 평균은 70점, 불합격자의 평균은 40점이었다. 이때 합격한 사람은 몇 명인가?

① 70명   ② 80명

③ 90명   ④ 100명

42 진희가 자전거 뒷좌석에 동생을 태우고 10km/h의 속력으로 회사에 가고 있었다. 회사 가는 길에 있는 어린이집에 동생을 내려주고, 아까의 1.4배의 속력으로 회사에 갔다. 진희의 집에서 회사까지의 거리는 12km이고, 진희가 8시에 집에서 나와 9시에 도착했다면, 어린이집에서 출발한 시각은 언제인가?

① 8시 25분   ② 8시 30분

③ 8시 35분   ④ 8시 40분

43 경수는 10원짜리 2개, 50원짜리 1개, 100원짜리 2개, 500원짜리 1개를 가지고 있다. 경수가 지불할 수 있는 금액의 경우의 수는?(단, 0원은 지불금액에 포함하지 않는다)

① 32가지   ② 33가지

③ 34가지   ④ 35가지

44 H중학교 1 ~ 3학년 학생들의 수학 점수 평균을 구했더니 각각 38점, 64점, 44점이었다. 각 학년의 학생 수가 50명, 20명, 30명이라고 할 때, 학교 학생들의 전체 수학 점수 평균은 몇 점인가?

① 43점   ② 44점

③ 45점   ④ 46점

45 주어진 도표를 이용해 십자말풀이를 완성할 때, ㉠+ ㉡− ⓐ×ⓑ는?(단, 소수점 첫째 자리에서 반올림한다)

〈학과별 취업률〉

(단위 : 명, %)

구분	경제	경영	행정	무용	패션디자인	컴퓨터	기계
졸업자	7,200	28,000	8,695	1,025	1,501	8,478	8,155
취업률	57.0	58.8	46.9	30	47	61.7	71.7

	4.			3.
		2.		㉡
1.	ⓑ		ⓐ	
		㉠		

[가로]
1. 취업률이 세 번째로 높은 학과의 졸업자 수와 졸업자가 두 번째로 적은 학과의 미취업률의 합은?

[세로]
2. 경제학과의 미취업자 수는?
3. 기계학과의 취업자 수와 무용학과의 미취업자 수의 차는?
4. 행정학과의 졸업자 수와 컴퓨터학과의 취업자 수의 합에서 행정학과의 미취업률을 뺀 값은?

① 30

② 10

③ − 30

④ − 10

46 다음은 A ~ E 5개국의 경제 및 사회 지표 자료이다. 이에 대한 설명으로 옳지 않은 것은?

〈주요 5개국의 경제 및 사회 지표〉

구분	1인당 GDP(달러)	경제성장률(%)	수출(백만 달러)	수입(백만 달러)	총인구(백만 명)
A	27,214	2.6	526,757	436,499	50.6
B	32,477	0.5	624,787	648,315	126.6
C	55,837	2.4	1,504,580	2,315,300	321.8
D	25,832	3.2	277,423	304,315	46.1
E	56,328	2.3	188,445	208,414	24.0

※ (총 GDP)=(1인당 GDP)×(총인구)

① 경제성장률이 가장 큰 나라가 총 GDP는 가장 작다.
② 1인당 GDP에 따른 순위와 총 GDP에 따른 순위는 서로 일치한다.
③ 5개국 중 수출과 수입에 있어서 규모에 따라 나열한 순위는 서로 일치한다.
④ A국이 E국보다 총 GDP가 더 크다.

47 다음은 기술개발 투자 및 성과에 대한 자료이다. 이를 근거로 일본의 GDP 총액을 산출하면 얼마인가?(단, 소수점 이하는 버림한다)

<기술개발 투자 및 성과>

구분	한국	미국	일본
R&D 투자 총액(억 달러)	313	3,688	1,508
배율	1.0	11.78	4.82
GDP 대비(%)	3.37	2.68	3.44
(기술수출액)÷(기술도입액)	0.45	1.70	3.71

※ GDP 대비 : GDP 총액 대비 R&D 투자 총액의 비율

① 26,906억 달러   ② 37,208억 달러
③ 39,047억 달러   ④ 43,837억 달러

48 H공단에서 100명의 직원을 대상으로 영업 업무로 인해 2명씩 한 팀으로 조를 편성하려 한다. 단, 둘 중 적어도 한 명은 운전할 수 있어야 한다. 100명 중 남성이 40명이고, 운전 가능한 사람은 60명이며, 여성 중 40%는 운전을 할 수 있다고 한다. 여성으로만 이루어진 팀의 수를 최소화하여 조를 편성했다면, 여성으로만 이루어진 팀의 수는?

① 10팀   ② 11팀
③ 12팀   ④ 13팀

49 다음은 계절별 강수량 추이에 대한 자료이다. 이를 이해한 내용으로 옳은 것은?

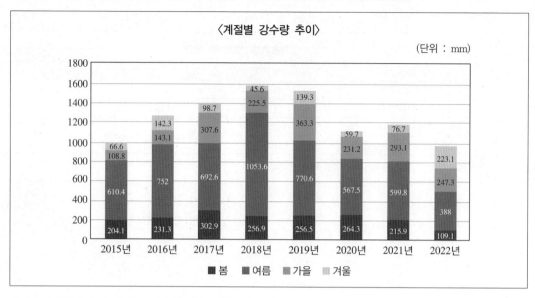

① 2015년부터 2022년까지 가을철 평균 강수량은 210mm 미만이다.
② 여름철 강수량이 두 번째로 높았던 해의 가을·겨울철 강수량의 합은 봄철 강수량의 2배 이상이다.
③ 강수량이 제일 낮은 해에 우리나라는 가뭄이었다.
④ 전년 대비 강수량의 변화가 가장 큰 해는 2020년이다.

50 다음은 A국과 B국의 골키퍼, 수비(중앙 수비, 측면 수비), 미드필드, 공격(중앙 공격, 측면 공격) 능력을 각 영역별로 평가한 결과이다. 이에 대한 설명으로 옳지 않은 것은?(단, 원 중심에서 멀어질수록 점수가 높아진다)

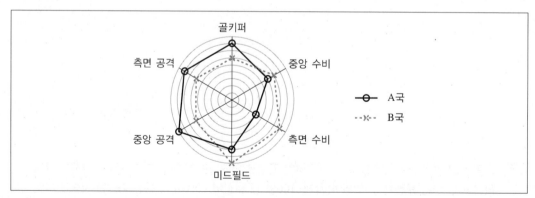

① A국은 공격보다 수비에 약점이 있다.
② B국은 미드필드보다 수비에서의 능력이 뛰어나다.
③ A국과 B국은 측면 수비 능력에서 가장 큰 차이가 난다.
④ A국과 B국 사이에 가장 작은 차이를 보이는 영역은 중앙 수비이다.

해양환경공단
인성검사 + 면접

해양환경공단 인성검사

01 인성검사란?

02 인성검사 수검요령

03 인성검사 모의연습

해양환경공단 면접 가이드

01 면접유형 파악

02 면접유형별 준비 방법

03 면접 Role Play

04 해양환경공단 면접 기출

해양환경공단 인성검사

01 인성검사란?

개인이 업무를 수행하면서 능률적인 성과물을 만들기 위해서는 개인의 능력과 경험 그리고 회사의 교육 및 훈련 등이 필요하지만, 개인의 성격이나 성향 역시 중요합니다. 여러 직무분석 연구를 통해 나온 결과에 따르면, 직무에서의 성공과 관련된 특성 중 70% 이상이 능력보다는 성격과 관련이 있다고 합니다. 따라서 최근 기업 및 공공기관에서는 인성검사의 비중을 높이고 있는 추세입니다.

현재 기업 및 공공기관은 인성검사를 KIRBS(한국행동과학연구소)나 SHR(에스에이치알) 등의 전문기관에 의뢰해서 시행하고 있습니다. 전문기관에 따라서 인성검사 방법에 차이가 있고, 보안을 위해서 인성검사를 의뢰한 기업 및 공공기관을 공개하지 않을 수 있기 때문에 특정 기업 및 공공기관의 인성검사를 정확하게 판단할 수 없지만, 지원자들이 후기에 올린 문제를 통해 인성검사 유형을 예상할 수 있습니다.

여기에서는 해양환경공단의 개인성향 진단평가와 수검요령 및 검사 시 유의사항에 대해 간략하게 정리하였으며, 모의연습을 통해 실제 시험 유형을 확인할 수 있도록 하였습니다.

> 해양환경공단 인성검사
> 유형 : 자신과 가장 일치하는 항목 표기 유형

02 인성검사 수검요령

인성검사에 대한 특별한 수검 기법은 없습니다. 인성검사에서 문제를 어떻게 잘 풀 것인가 하는 차원과는 달리 자신의 상태나 경험에 입각하여 자신을 솔직하게 그대로 표현하는 것이 가장 좋습니다. 인성검사에 의한 성격 분석은 장점과 단점이라는 양면을 나타냅니다. 예를 들어, 민감성에서의 득점이 높으면 섬세하고 배려심이 있다는 장점과 걱정이 많고 자신감이 없다는 단점이 있고, 독자성에서의 득점이 높으면 신념이 있고 독창적이라는 장점과 융통성이 없다는 단점이 있는 것입니다. 면접 담당자는 각 항목 중에서 특히 득점이 극단적으로 높거나 낮은 특징적인 부분에 대해서 질문하게 되는데, 이는 그 특징적인 부분이 장점으로 나타나기 쉬운지 단점으로 나타나기 쉬운지를 확인하기 위한 것입니다. 그러므로 극단적인 득점을 보이는 항목에 대해서는 단점을 보완하는 응답을 준비해야 합니다. 즉, 어떻게 자신의 상태를 정확히 표현할 수 있느냐가 수검 요령이 되겠으며, 그 일반적인 요령에는 다음과 같은 것이 있습니다.

❶ 인성검사를 소홀히 대하지 말자.

인성검사의 결과 중에서 정신건강(정서안정성, 감정통제력, 신경질 경향)에 관한 측면은 전형 사정 시 매우 중요시되고 있습니다. 다른 평가 요인에 대한 결과가 아무리 좋고 바람직한 결과를 얻었더라도, 심지어 서류전형이나 필기전형 등에서 좋은 결과를 얻은 지원자라 할지라도 정신건강 측면에 대한 결과가 바람직하지 못하면 탈락될 정도로 중요시되고 있는 추세입니다. 따라서 사전에 자기 자신의 내면적인 측면을 정확히 파악해야 합니다.

❷ 평소의 경험과 선호도를 자연스럽게 답하자.

검사의 내용들은 대개 평소 우리가 경험하는 내용에 관한 짧은 진술문과 어떤 대상에 대한 선호를 묻는 내용으로 구성된 진술문 형식으로 되어 있으므로 시험이라고 생각하지 말고 그냥 평소의 경험과 선호도에 따라 자연스럽게 답하는 것이 좋습니다. 또한, 상식적인 반응을 묻는 문항에는 너무 민감하게 반응하지 말고 솔직하게 답할 필요가 있습니다. 자칫 검사 무효화의 결과를 초래할 수도 있기 때문입니다.

❸ 수험 전날이나 수험기간 동안에 음주나 지나친 운동 등을 삼가자.

심신이 지쳐 있으면 심약한 생각을 갖기 쉽습니다. 신체적으로나 정신적으로 충분한 휴식을 취하고 심리적으로 안정된 상태에서 검사에 임해야 자신을 정확히 나타낼 수 있습니다.

❹ 검사시간에 너무 신경 쓰지 말자.

시간제한이 없거나 충분한 시간이 주어지기 때문에 남보다 빨리 하려고 한다든가 다른 사람의 퇴실에 신경 쓸 필요가 없습니다.

❺ 각 진술문에 대하여 너무 골똘히 생각하거나 불필요한 생각을 하지 말자.

지나친 생각은 자신을 잘못 표현하기 쉽게 만들고, 불필요한 생각은 검사의 타당도·신뢰도 등에 좋지 않은 영향을 미칠 수 있습니다.

❻ 솔직하게 표현하자.

대개의 인성검사 문항은 피검사자의 솔직성을 알 수 있게 제작되어 있습니다. 자칫 솔직성이 너무 결여될 경우에는 검사자체가 무효화되어 불이익을 받을 수 있습니다.

❼ 비교적 일관성 있게 답하자.

이는 솔직성과 일맥상통합니다. 하지만 너무 일관성에 치우친 생각은 검사 자체를 다른 방향으로 이끌 수 있다는 것을 유념해야 합니다.

❽ 마지막 문항까지 최선을 다하자.

한 문항도 빠뜨리지 말고 전체 문항에 대해 자신의 의견을 답하는 것이 매우 중요합니다. 각 문항을 깊이 있게 분석하면서 풀어나갈 것이 아니라 직감적으로 선택해서 자신의 색깔을 명확히 표현하는 것이 좋은 결과를 얻을 수 있습니다. 모든 문항은 평가 결과와 밀접한 관련이 있기 때문에 응답하지 않은 문항이 많으면 검사 자체를 무효로 처리되거나 불리한 평가를 받을 수 있으므로 주의해야 합니다.

❾ 사전에 검사를 받아보자.

검사 대행업체나 학교의 학생생활연구소와 같은 곳을 이용하여 사전에 검사를 받아보는 것도 좋은 방법입니다. 검사의 유형을 미리 경험해봄으로써 자신감을 얻을 수 있고 성격상 바람직하지 않은 결과를 얻은 요인에 대해서 사전에 끊임없는 노력으로 개선할 수 있기 때문입니다.

인성검사는 정신의학에 의한 성격분석검사를 기초로 한 일종의 심리테스트로 이를 통해 지원자의 성격이나 흥미, 대인관계 등을 분석합니다. 검사결과에는 지원자가 자각하고 있는 부분도, 자각하지 못한 부분도 나타나기 때문에 자각하고 싶지 않은 성격까지 면접담당자는 모두 파악할 수 있습니다.

만약 면접 시 면접담당자가 지원자의 성격을 파악하고 있는데 정작 지원자가 자기의 성격을 파악하지 못했다면 전적으로 불리하게 됩니다. 그러나 인성검사의 결과를 참고로 지원자가 자기의 성격을 파악하여 질문의 내용을 예측한다면 장점은 살리고, 단점을 보완하는 응답이 가능하게 될 것입니다.

사람의 성격은 쉽게 변하지 않지만, 장점과 단점을 파악하여 자신을 매력적으로 어필하는 것은 가능합니다. 성격을 파악하지 않고 그저 자신을 드러내는 것은 오히려 면접에서 인성검사와의 모순을 스스로 증명하는 것이라는 사실을 기억하시기 바랍니다.

※ 아래 문항을 읽고 평소 자신의 모습이나 생각과 가장 일치하는 응답 하나에 체크 하십시오. [1~200]

번호	질문	전혀 아니다	약간 아니다	보통 이다	약간 그렇다	매우 그렇다
1	남의 생일이나 명절 때 선물을 사러 다니는 일이 귀찮게 느껴진다.	①	②	③	④	⑤
2	조심스러운 성격이라고 생각한다.	①	②	③	④	⑤
3	사물을 신중하게 생각하는 편이다.	①	②	③	④	⑤
4	동작이 기민한 편이다.	①	②	③	④	⑤
5	포기하지 않고 노력하는 것이 중요하다.	①	②	③	④	⑤
6	혼자 하는 일이 더 편하다.	①	②	③	④	⑤
7	노력의 여하보다 결과가 중요하다.	①	②	③	④	⑤
8	자기주장이 강하다.	①	②	③	④	⑤
9	장래의 일을 생각하면 불안해질 때가 있다.	①	②	③	④	⑤
10	소외감을 느낄 때가 있다.	①	②	③	④	⑤
11	푸념을 한 적이 없다.	①	②	③	④	⑤
12	남과 친해지려면 용기가 필요하다.	①	②	③	④	⑤
13	통찰력이 있다고 생각한다.	①	②	③	④	⑤
14	집에서 가만히 있으면 기분이 우울해진다.	①	②	③	④	⑤
15	매사에 느긋하고 차분하게 대처한다.	①	②	③	④	⑤
16	좋은 생각이 떠올라도 실행하기 전에 여러모로 검토한다.	①	②	③	④	⑤
17	누구나 권력자를 동경하고 있다고 생각한다.	①	②	③	④	⑤
18	몸으로 부딪혀 도전하는 편이다.	①	②	③	④	⑤
19	당황하면 갑자기 땀이 나서 신경 쓰일 때가 있다.	①	②	③	④	⑤
20	친구들은 나를 진지한 사람으로 생각하고 있다.	①	②	③	④	⑤

번호	질문	전혀 아니다	약간 아니다	보통 이다	약간 그렇다	매우 그렇다
21	감정적으로 될 때가 많다.	①	②	③	④	⑤
22	다른 사람의 일에 관심이 없다.	①	②	③	④	⑤
23	다른 사람으로부터 지적받는 것은 싫다.	①	②	③	④	⑤
24	지루하면 마구 떠들고 싶어진다.	①	②	③	④	⑤
25	남들이 침착하다고 한다.	①	②	③	④	⑤
26	혼자 있는 것을 좋아한다.	①	②	③	④	⑤
27	한 자리에 가만히 있는 것을 싫어한다.	①	②	③	④	⑤
28	시간이 나면 주로 자는 편이다.	①	②	③	④	⑤
29	조용한 것보다는 활동적인 것이 좋다.	①	②	③	④	⑤
30	맡은 분야에서 항상 최고가 되려고 한다.	①	②	③	④	⑤
31	하루 종일 책상 앞에 앉아 있어도 지루해하지 않는 편이다.	①	②	③	④	⑤
32	알기 쉽게 요점을 정리한 다음 남에게 잘 설명하는 편이다.	①	②	③	④	⑤
33	생물 시간보다는 미술 시간에 흥미가 있다.	①	②	③	④	⑤
34	남이 자신에게 상담을 해오는 경우가 많다.	①	②	③	④	⑤
35	친목회나 송년회 등에서 총무 역할을 좋아하는 편이다.	①	②	③	④	⑤
36	실패하든 성공하든 그 원인은 꼭 분석한다.	①	②	③	④	⑤
37	실내 장식품이나 액세서리 등에 관심이 많다.	①	②	③	④	⑤
38	남에게 보이기 좋아하고 지기 싫어하는 편이다.	①	②	③	④	⑤
39	대자연 속에서 마음대로 몸을 움직이는 일이 좋다.	①	②	③	④	⑤
40	파티나 모임에서 자연스럽게 돌아다니며 인사하는 성격이다.	①	②	③	④	⑤
41	자신의 장래에 대해 자주 생각해본다.	①	②	③	④	⑤
42	혼자 있는 것에 익숙하다.	①	②	③	④	⑤
43	별 근심이 없다.	①	②	③	④	⑤
44	나의 환경에 아주 만족한다.	①	②	③	④	⑤
45	상품을 고를 때 디자인과 색에 신경을 많이 쓴다.	①	②	③	④	⑤
46	카리스마가 있다는 말을 들어본 적이 있다.	①	②	③	④	⑤
47	외출할 때 날씨가 좋지 않아도 그다지 신경을 쓰지 않는다.	①	②	③	④	⑤
48	손님을 불러들이는 호객행위도 마음만 먹으면 할 수 있을 것 같다.	①	②	③	④	⑤
49	신중하고 주의 깊은 편이다.	①	②	③	④	⑤
50	잘못된 부분을 보면 그냥 지나치지 못한다.	①	②	③	④	⑤

번호	질문	전혀 아니다	약간 아니다	보통 이다	약간 그렇다	매우 그렇다
51	사놓고 쓰지 않는 물건이 많이 있다.	①	②	③	④	⑤
52	마음에 들지 않는 사람은 만나지 않으려고 노력한다.	①	②	③	④	⑤
53	스트레스 관리를 잘한다.	①	②	③	④	⑤
54	악의 없이 한 말에도 화를 낸다.	①	②	③	④	⑤
55	자신을 비난하는 사람은 피하는 편이다.	①	②	③	④	⑤
56	깨끗이 정돈된 상태를 좋아한다.	①	②	③	④	⑤
57	기분에 따라 목적지를 바꾼다.	①	②	③	④	⑤
58	다른 사람들의 주목을 받는 것을 좋아한다.	①	②	③	④	⑤
59	타인의 충고를 받아들이는 편이다.	①	②	③	④	⑤
60	이유 없이 기분이 우울해질 때가 있다.	①	②	③	④	⑤
61	감정을 표현하는 것은 헛된 일이라고 생각한다.	①	②	③	④	⑤
62	영화를 보고 운 적이 많다.	①	②	③	④	⑤
63	남을 도와주다가 내 일을 끝내지 못한 적이 있다.	①	②	③	④	⑤
64	누가 시키지 않아도 스스로 일을 찾아서 한다.	①	②	③	④	⑤
65	다른 사람이 바보라고 생각되는 경우가 있다.	①	②	③	④	⑤
66	부모에게 불평을 한 적이 한 번도 없다.	①	②	③	④	⑤
67	내성적이라고 생각한다.	①	②	③	④	⑤
68	돌다리도 두드리고 건너는 타입이라고 생각한다.	①	②	③	④	⑤
69	굳이 말하자면 시원시원한 성격이다.	①	②	③	④	⑤
70	나는 끈기가 강하다.	①	②	③	④	⑤
71	어떠한 일에 쉽게 구애받는 편이며 장인의식도 강하다.	①	②	③	④	⑤
72	우리나라 분재를 파리에서 파는 방법 따위를 생각하기 좋아한다.	①	②	③	④	⑤
73	종일 돌아다녀도 그다지 피곤을 느끼지 않는다.	①	②	③	④	⑤
74	컴퓨터의 키보드 조작도 연습하면 잘할 수 있을 것 같다.	①	②	③	④	⑤
75	자동차나 모터보트 등의 운전에 흥미를 갖고 있다.	①	②	③	④	⑤
76	인기 연예인의 인기비결을 곧잘 생각해 본다.	①	②	③	④	⑤
77	과자나 빵을 판매하는 일보다 만드는 일이 나에게 맞을 것 같다.	①	②	③	④	⑤
78	대체로 걱정하거나 고민하지 않는다.	①	②	③	④	⑤
79	비판적인 말을 들어도 쉽게 상처받지 않는다.	①	②	③	④	⑤
80	초등학교 선생님보다는 등대지기가 더 재미있을 것 같다.	①	②	③	④	⑤

번호	질문	전혀 아니다	약간 아니다	보통 이다	약간 그렇다	매우 그렇다
81	규정을 어떤 경우에도 지켜야 한다.	①	②	③	④	⑤
82	보고 들은 것을 문장으로 옮기는 것을 좋아한다.	①	②	③	④	⑤
83	남에게 뭔가 가르쳐주는 일이 좋다.	①	②	③	④	⑤
84	창의적 업무보다 계획되고 반복적인 업무가 적성에 맞다.	①	②	③	④	⑤
85	나이 차가 많은 사람과도 잘 어울린다.	①	②	③	④	⑤
86	전표 계산 또는 장부 기입 같은 일을 싫증내지 않고 할 수 있다.	①	②	③	④	⑤
87	책이나 신문을 열심히 읽는 편이다.	①	②	③	④	⑤
88	신경이 예민한 편이며, 감수성도 예민하다.	①	②	③	④	⑤
89	연회석에서 망설임 없이 노래를 부르거나 장기를 보이는 편이다.	①	②	③	④	⑤
90	즐거운 캠프를 위해 계획 세우기를 좋아한다.	①	②	③	④	⑤
91	데이터를 분류하거나 통계내는 일을 싫어하지는 않는다.	①	②	③	④	⑤
92	드라마나 소설 속의 등장인물의 생활과 사고방식에 흥미가 있다.	①	②	③	④	⑤
93	자신의 미적 표현력을 살리면 상당히 좋은 작품이 나올 것 같다.	①	②	③	④	⑤
94	화려한 것을 좋아하며 주위의 평판에 신경을 쓰는 편이다.	①	②	③	④	⑤
95	여럿이서 여행할 기회가 있다면 즐겁게 참가한다.	①	②	③	④	⑤
96	여행 소감을 쓰는 것을 좋아한다.	①	②	③	④	⑤
97	상품전시회에서 상품 설명을 한다면 잘할 수 있을 것 같다.	①	②	③	④	⑤
98	변화가 적고 손이 많이 가는 일도 꾸준히 하는 편이다.	①	②	③	④	⑤
99	신제품 홍보에 흥미가 있다.	①	②	③	④	⑤
100	열차 시간표 한 페이지 정도라면 정확하게 옮겨 쓸 자신이 있다.	①	②	③	④	⑤
101	이성적인 사람 밑에서 일하고 싶다.	①	②	③	④	⑤
102	작은 소리에도 신경이 쓰인다.	①	②	③	④	⑤
103	미래에 대한 고민이 많다.	①	②	③	④	⑤
104	컨디션에 따라 행동한다.	①	②	③	④	⑤
105	항상 규칙적으로 생활한다.	①	②	③	④	⑤
106	다소 감정적이라고 생각한다.	①	②	③	④	⑤
107	다른 사람의 의견을 잘 수긍하는 편이다.	①	②	③	④	⑤
108	결심을 하더라도 생각을 바꾸는 일이 많다.	①	②	③	④	⑤
109	다시는 떠올리고 싶지 않은 기억이 있다.	①	②	③	④	⑤
110	과거를 잘 생각하는 편이다.	①	②	③	④	⑤

번호	질문	전혀 아니다	약간 아니다	보통 이다	약간 그렇다	매우 그렇다
111	평소 감정이 메마른 것 같다는 생각을 한다.	①	②	③	④	⑤
112	가끔 하늘을 올려다 본다.	①	②	③	④	⑤
113	생각조차 하기 싫은 사람이 있다.	①	②	③	④	⑤
114	멍하니 있는 경우가 많다.	①	②	③	④	⑤
115	잘하지 못하는 것이라도 자진해서 한다.	①	②	③	④	⑤
116	가만히 있지 못할 정도로 불안해질 때가 많다.	①	②	③	④	⑤
117	자주 깊은 생각에 잠긴다.	①	②	③	④	⑤
118	이유도 없이 다른 사람과 부딪힐 때가 있다.	①	②	③	④	⑤
119	타인의 일에는 별로 관여하고 싶지 않다고 생각한다.	①	②	③	④	⑤
120	무슨 일이든 자신을 가지고 행동한다.	①	②	③	④	⑤
121	유명인과 서로 아는 사람이 되고 싶다.	①	②	③	④	⑤
122	지금까지 후회를 한 적이 없다.	①	②	③	④	⑤
123	언제나 생기가 있다.	①	②	③	④	⑤
124	무슨 일이든 생각해 보지 않으면 만족하지 못한다.	①	②	③	④	⑤
125	다소 무리를 하더라도 피로해지지 않는다.	①	②	③	④	⑤
126	굳이 말하자면 장거리 주자에 어울린다고 생각한다.	①	②	③	④	⑤
127	여행을 가기 전에는 세세한 계획을 세운다.	①	②	③	④	⑤
128	능력을 살릴 수 있는 일을 하고 싶다.	①	②	③	④	⑤
129	관심 분야가 자주 바뀐다.	①	②	③	④	⑤
130	인생에서 중요한 것은 높은 목표를 갖는 것이다.	①	②	③	④	⑤
131	부끄러움을 잘 탄다.	①	②	③	④	⑤
132	상상력이 풍부하다.	①	②	③	④	⑤
133	자신을 자신감 있게 표현할 수 있다.	①	②	③	④	⑤
134	열등감은 좋지 않다고 생각한다.	①	②	③	④	⑤
135	후회하는 일이 전혀 없다.	①	②	③	④	⑤
136	매사를 태평하게 보는 편이다.	①	②	③	④	⑤
137	한 번 시작한 일은 끝을 맺는다.	①	②	③	④	⑤
138	행동으로 옮기기까지 시간이 걸린다.	①	②	③	④	⑤
139	다른 사람들이 하지 못하는 일을 하고 싶다.	①	②	③	④	⑤
140	해야 할 일은 신속하게 처리한다.	①	②	③	④	⑤

번호	질문	전혀 아니다	약간 아니다	보통 이다	약간 그렇다	매우 그렇다
141	병이 아닌지 걱정이 들 때가 있다.	①	②	③	④	⑤
142	다른 사람의 충고를 기분 좋게 듣는 편이다.	①	②	③	④	⑤
143	다른 사람에게 의존적일 때가 많다.	①	②	③	④	⑤
144	타인에게 간섭받는 것은 싫다.	①	②	③	④	⑤
145	자의식 과잉이라는 생각이 들 때가 있다.	①	②	③	④	⑤
146	수다를 좋아한다.	①	②	③	④	⑤
147	잘못된 일을 한 적이 한 번도 없다.	①	②	③	④	⑤
148	모르는 사람과 이야기하는 것은 용기가 필요하다.	①	②	③	④	⑤
149	끙끙거리며 생각할 때가 있다.	①	②	③	④	⑤
150	다른 사람에게 항상 움직이고 있다는 말을 듣는다.	①	②	③	④	⑤
151	매사에 얽매인다.	①	②	③	④	⑤
152	잘하지 못하는 게임은 하지 않으려고 한다.	①	②	③	④	⑤
153	어떠한 일이 있어도 출세하고 싶다.	①	②	③	④	⑤
154	막무가내라는 말을 들을 때가 많다.	①	②	③	④	⑤
155	신경이 예민한 편이라고 생각한다.	①	②	③	④	⑤
156	쉽게 침울해진다.	①	②	③	④	⑤
157	쉽게 싫증을 내는 편이다.	①	②	③	④	⑤
158	옆에 사람이 있으면 싫다.	①	②	③	④	⑤
159	토론에서 이길 자신이 있다.	①	②	③	④	⑤
160	친구들과 남의 이야기를 하는 것을 좋아한다.	①	②	③	④	⑤
161	전망을 세우고 행동할 때가 많다.	①	②	③	④	⑤
162	일에는 결과가 중요하다고 생각한다.	①	②	③	④	⑤
163	활력이 있다.	①	②	③	④	⑤
164	항상 천재지변을 당하지 않을까 걱정하고 있다.	①	②	③	④	⑤
165	때로는 후회할 때도 있다.	①	②	③	④	⑤
166	다른 사람에게 위해를 가할 것 같은 기분이 든 때가 있다.	①	②	③	④	⑤
167	진정으로 마음을 허락할 수 있는 사람은 없다.	①	②	③	④	⑤
168	기다리는 것에 짜증내는 편이다.	①	②	③	④	⑤
169	친구들로부터 줏대 없는 사람이라는 말을 듣는다.	①	②	③	④	⑤
170	사물을 과장해서 말한 적은 없다.	①	②	③	④	⑤

번호	질문	전혀 아니다	약간 아니다	보통 이다	약간 그렇다	매우 그렇다
171	인간관계가 폐쇄적이라는 말을 듣는다.	①	②	③	④	⑤
172	매사에 신중한 편이라고 생각한다.	①	②	③	④	⑤
173	눈을 뜨면 바로 일어난다.	①	②	③	④	⑤
174	난관에 봉착해도 포기하지 않고 열심히 해본다.	①	②	③	④	⑤
175	실행하기 전에 재확인할 때가 많다.	①	②	③	④	⑤
176	리더로서 인정을 받고 싶다.	①	②	③	④	⑤
177	어떤 일이 있어도 의욕을 가지고 열심히 하는 편이다.	①	②	③	④	⑤
178	다른 사람의 감정에 민감하다.	①	②	③	④	⑤
179	다른 사람들이 남을 배려하는 마음씨가 있다는 말을 한다.	①	②	③	④	⑤
180	사소한 일로 우는 일이 많다.	①	②	③	④	⑤
181	반대에 부딪혀도 자신의 의견을 바꾸는 일은 없다.	①	②	③	④	⑤
182	누구와도 편하게 이야기할 수 있다.	①	②	③	④	⑤
183	가만히 있지 못할 정도로 침착하지 못할 때가 있다.	①	②	③	④	⑤
184	다른 사람을 싫어한 적은 한 번도 없다.	①	②	③	④	⑤
185	그룹 내에서는 누군가의 주도하에 따라가는 경우가 많다.	①	②	③	④	⑤
186	차분하다는 말을 듣는다.	①	②	③	④	⑤
187	스포츠 선수가 되고 싶다고 생각한 적이 있다.	①	②	③	④	⑤
188	모두가 싫증을 내는 일도 혼자서 열심히 한다.	①	②	③	④	⑤
189	휴일은 세부적인 계획을 세우고 보낸다.	①	②	③	④	⑤
190	완성된 것보다 미완성인 것에 흥미가 있다.	①	②	③	④	⑤
191	훌쩍 여행을 떠나고 싶을 때가 자주 있다.	①	②	③	④	⑤
192	대인관계가 귀찮다고 느낄 때가 있다.	①	②	③	④	⑤
193	자신의 권리를 주장하는 편이다.	①	②	③	④	⑤
194	낙천가라고 생각한다.	①	②	③	④	⑤
195	싸움을 한 적이 없다.	①	②	③	④	⑤
196	자신의 의견을 상대에게 잘 주장하지 못한다.	①	②	③	④	⑤
197	좀처럼 결단하지 못하는 경우가 있다.	①	②	③	④	⑤
198	하나의 취미를 오래 지속하는 편이다.	①	②	③	④	⑤
199	한 번 시작한 일은 반드시 마무리한다.	①	②	③	④	⑤
200	내 방식대로 일하는 편이 좋다.	①	②	③	④	⑤

해양환경공단 면접 가이드

01 면접유형 파악

1. 면접전형의 변화

기존 면접전형에서는 일상적이고 단편적인 대화나 지원자의 첫인상 및 면접관의 주관적인 판단 등에 의해서 입사 결정 여부를 판단하는 경우가 많았습니다. 이러한 면접전형은 면접 내용의 일관성이 결여되거나 직무 관련 타당성이 부족하였고, 면접에 대한 신뢰도에 영향을 주었습니다.

기존 면접(전통적 면접)		능력중심 채용 면접(구조화 면접)

• 일상적이고 단편적인 대화
• 인상, 외모 등 외부 요소의 영향
• 주관적인 판단에 의존한 총점 부여
 	
⇩
 	
• 면접 내용의 일관성 결여
• 직무관련 타당성 부족
• 주관적인 채점으로 신뢰도 저하
	VS	• 일관성
		  − 직무관련 역량에 초점을 둔 구체적 질문 목록
		  − 지원자별 동일 질문 적용
		• 구조화
		  − 면접 진행 및 평가 절차를 일정한 체계에 의해 구성
		• 표준화
		  − 평가 타당도 제고를 위한 평가 Matrix 구성
		  − 척도에 따라 항목별 채점, 개인 간 비교
		• 신뢰성
		  − 면접진행 매뉴얼에 따라 면접위원 교육 및 실습

2. 능력중심 채용의 면접 유형

① 경험 면접
- 목적 : 선발하고자 하는 직무 능력이 필요한 과거 경험을 질문합니다.
- 평가요소 : 직업기초능력과 인성 및 태도적 요소를 평가합니다.

② 상황 면접
- 목적 : 특정 상황을 제시하고 지원자의 행동을 관찰함으로써 실제 상황의 행동을 예상합니다.
- 평가요소 : 직업기초능력과 인성 및 태도적 요소를 평가합니다.

③ 발표 면접
- 목적 : 특정 주제와 관련된 지원자의 발표와 질의응답을 통해 지원자의 역량을 평가합니다.
- 평가요소 : 직무수행능력과 인지적 역량(문제해결능력)을 평가합니다.

④ 토론 면접
- 목적 : 토의과제에 대한 의견수렴 과정에서 지원자의 역량과 상호작용능력을 평가합니다.
- 평가요소 : 직무수행능력과 팀워크를 평가합니다.

1. 경험 면접

① 경험 면접의 특징

• 주로 직업기초능력에 관련된 지원자의 과거 경험을 심층 질문하여 검증하는 면접입니다.

• 능력요소, 정의, 심사 기준
  - 평가하고자 하는 능력요소, 정의, 심사기준을 확인하여 면접위원이 해당 능력요소 관련 질문을 제시합니다.
• Opening Question
  - 능력요소에 관련된 과거 경험을 유도하기 위한 시작 질문을 합니다.
• Follow-up Question
  - 지원자의 경험 수준을 구체적으로 검증하기 위한 질문입니다.
  - 경험 수준 검증을 위한 상황(Situation), 임무(Task), 역할 및 노력(Action), 결과(Result) 등으로 질문을 구분합니다.

경험 면접의 형태

[면접관 1] [면접관 2] [면접관 3]

[지원자]

〈일대다 면접〉

[면접관 1] [면접관 2] [면접관 3]

[지원자 1] [지원자 2] [지원자 3]

〈다대다 면접〉

• 직무능력 관련한 과거 경험을 평가하기 위해 심층 질문을 하며, 이 질문은 지원자의 답변에 대하여 '꼬리에 꼬리를 무는 형식'으로 진행됩니다.

② 경험 면접의 구조

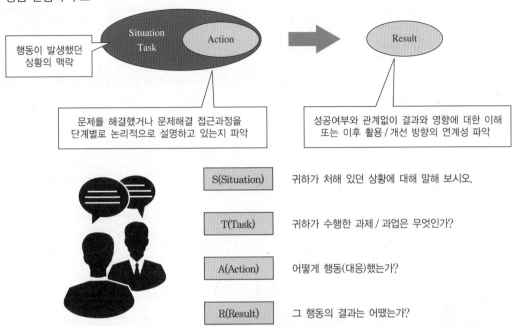

행동이 발생했던
상황의 맥락

문제를 해결했거나 문제해결 접근과정을
단계별로 논리적으로 설명하고 있는지 파악

성공여부와 관계없이 결과와 영향에 대한 이해
또는 이후 활용 / 개선 방향의 연계성 파악

S(Situation)   귀하가 처해 있던 상황에 대해 말해 보시오.

T(Task)   귀하가 수행한 과제 / 과업은 무엇인가?

A(Action)   어떻게 행동(대응)했는가?

R(Result)   그 행동의 결과는 어땠는가?

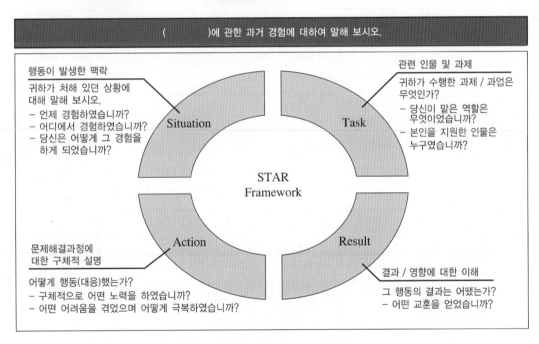

(   )에 관한 과거 경험에 대하여 말해 보시오.

행동이 발생한 맥락
귀하가 처해 있던 상황에
대해 말해 보시오.
– 언제 경험하였습니까?
– 어디에서 경험하였습니까?
– 당신은 어떻게 그 경험을
  하게 되었습니까?

관련 인물 및 과제
귀하가 수행한 과제 / 과업은
무엇인가?
– 당신이 맡은 역할은
  무엇이었습니까?
– 본인을 지원한 인물은
  누구였습니까?

STAR
Framework

Situation

Task

Action

Result

문제해결과정에
대한 구체적 설명
어떻게 행동(대응)했는가?
– 구체적으로 어떤 노력을 하였습니까?
– 어떤 어려움을 겪었으며 어떻게 극복하였습니까?

결과 / 영향에 대한 이해
그 행동의 결과는 어땠는가?
– 어떤 교훈을 얻었습니까?

③ 경험 면접 질문 예시(직업윤리)

시작 질문	
1	남들이 신경 쓰지 않는 부분까지 고려하여 절차대로 업무(연구)를 수행하여 성과를 낸 경험을 구체적으로 말해 보시오.
2	조직의 원칙과 절차를 철저히 준수하며 업무(연구)를 수행한 것 중 성과를 향상시킨 경험에 대해 구체적으로 말해 보시오.
3	세부적인 절차와 규칙에 주의를 기울여 실수 없이 업무(연구)를 마무리한 경험을 구체적으로 말해 보시오.
4	조직의 규칙이나 원칙을 고려하여 성실하게 일했던 경험을 구체적으로 말해 보시오.
5	타인의 실수를 바로잡고 원칙과 절차대로 수행하여 성공적으로 업무를 마무리하였던 경험에 대해 말해 보시오.

후속 질문		
상황 (Situation)	상황	구체적으로 언제, 어디에서 경험한 일인가?
		어떤 상황이었는가?
	조직	어떤 조직에 속해 있었는가?
		그 조직의 특성은 무엇이었는가?
		몇 명으로 구성된 조직이었는가?
	기간	해당 조직에는 얼마나 일했는가?
		해당 업무는 몇 개월 동안 지속되었는가?
	조직규칙	조직의 원칙이나 규칙은 무엇이었는가?
임무 (Task)	과제	과제의 목표는 무엇이었는가?
		과제에 적용되는 조직의 원칙은 무엇이었는가?
		그 규칙을 지켜야 하는 이유는 무엇이었는가?
	역할	당신이 조직에서 맡은 역할은 무엇이었는가?
		과제에서 맡은 역할은 무엇이었는가?
	문제의식	규칙을 지키지 않을 경우 생기는 문제점 / 불편함은 무엇인가?
		해당 규칙이 왜 중요하다고 생각하였는가?
역할 및 노력 (Action)	행동	업무 과정의 어떤 장면에서 규칙을 철저히 준수하였는가?
		어떻게 규정을 적용시켜 업무를 수행하였는가?
		규정은 준수하는 데 어려움은 없었는가?
	노력	그 규칙을 지키기 위해 스스로 어떤 노력을 기울였는가?
		본인의 생각이나 태도에 어떤 변화가 있었는가?
		다른 사람들은 어떤 노력을 기울였는가?
	동료관계	동료들은 규칙을 철저히 준수하고 있었는가?
		팀원들은 해당 규칙에 대해 어떻게 반응하였는가?
		규칙에 대한 태도를 개선하기 위해 어떤 노력을 하였는가?
		팀원들의 태도는 당신에게 어떤 자극을 주었는가?
	업무추진	주어진 업무를 추진하는 데 규칙이 방해되진 않았는가?
		업무수행 과정에서 규정을 어떻게 적용하였는가?
		업무 시 규정을 준수해야 한다고 생각한 이유는 무엇인가?

결과 **(Result)**	평가	규칙을 어느 정도나 준수하였는가?
		그렇게 준수할 수 있었던 이유는 무엇이었는가?
		업무의 성과는 어느 정도였는가?
		성과에 만족하였는가?
		비슷한 상황이 온다면 어떻게 할 것인가?
	피드백	주변 사람들로부터 어떤 평가를 받았는가?
		그러한 평가에 만족하는가?
		다른 사람에게 본인의 행동이 영향을 주었다고 생각하는가?
	교훈	업무수행 과정에서 중요한 점은 무엇이라고 생각하는가?
		이 경험을 통해 느낀 바는 무엇인가?

2. 상황 면접

① 상황 면접의 특징

직무 관련 상황을 가정하여 제시하고 이에 대한 대응능력을 직무관련성 측면에서 평가하는 면접입니다.

- 상황 면접 과제의 구성은 크게 2가지로 구분
  - 상황 제시(Description) / 문제 제시(Question or Problem)
- 현장의 실제 업무 상황을 반영하여 과제를 제시하므로 직무분석이나 직무전문가 워크숍 등을 거쳐 현장성을 높임
- 문제는 상황에 대한 기본적인 이해 능력(이론적 지식)과 함께 실질적 대응이나 변수 고려능력(실천적 능력) 등을 고르게 질문해야 함

상황 면접의 형태

[면접관 1] [면접관 2]

[연기자 1] [연기자 2]   [면접관 1] [면접관 2]

[지원자]   [지원자 1] [지원자 2] [지원자 3]

〈시뮬레이션〉   〈문답형〉

② 상황 면접 예시

	인천공항 여객터미널 내에는 다양한 용도의 시설(사무실, 통신실, 식당, 전산실, 창고 면세점 등)이 설치되어 있습니다.	실제 업무 상황에 기반함
상황 제시	금년에 소방배관의 누수가 잦아 메인 배관을 교체하는 공사를 추진하고 있으며, 당신은 이번 공사의 담당자입니다.	배경 정보
	주간에는 공항 운영이 이루어져 주로 야간에만 배관 교체 공사를 수행하던 중, 시공하는 기능공의 실수로 배관 연결 부위를 잘못 건드려 고압배관의 소화수가 누출되는 사고가 발생하였으며, 이로 인해 인근 시설물에는 누수에 의한 피해가 발생하였습니다.	구체적인 문제 상황
문제 제시	일반적인 소방배관의 배관연결(이음)방식과 배관의 이탈(누수)이 발생하는 원인에 대해 설명해 보시오.	문제 상황 해결을 위한 기본 지식 문항
	담당자로서 본 사고를 현장에서 긴급히 처리하는 프로세스를 제시하고, 보수완료 후 사후적 조치가 필요한 부분 및 재발방지 방안에 대해 설명해 보시오.	문제 상황 해결을 위한 추가 대응 문항

3. 발표 면접

① 발표 면접의 특징
- 직무관련 주제에 대한 지원자의 생각을 정리하여 의견을 제시하고, 발표 및 질의응답을 통해 지원자의 직무 능력을 평가하는 면접입니다.
- 발표 주제는 직무와 관련된 자료로 제공되며, 일정 시간 후 지원자가 보유한 지식 및 방안에 대한 발표 및 후속 질문을 통해 직무적합성을 평가합니다.

- 주요 평가요소
  - 설득적 말하기 / 발표능력 / 문제해결능력 / 직무관련 전문성
- 이미 언론을 통해 공론화된 시사 이슈보다는 해당 직무분야에 관련된 주제가 발표면접의 과제로 선정되는 경우가 최근 들어 늘어나고 있음
- 짧은 시간 동안 주어진 과제를 빠른 속도로 분석하여 발표문을 작성하고 제한된 시간 안에 면접관에게 효과적인 발표를 진행하는 것이 핵심

발표 면접의 형태

[면접관 1] [면접관 2]　　　　　　　　　[면접관 1] [면접관 2]

[지원자]　　　　　　　[지원자 1] [지원자 2] [지원자 3]

〈개별과제 발표〉　　　　　　　〈팀 과제 발표〉

※ 면접관에게 시각적 효과를 사용하여 메시지를 전달하는 쌍방향 커뮤니케이션 방식
※ 심층면접을 보완하기 위한 방안으로 최근 많은 기업에서 적극 도입하는 추세

② 발표 면접 예시

1. 지시문

당신은 현재 A사에서 직원들의 성과평가를 담당하고 있는 팀원이다. 인사팀은 지난주부터 사내 조직문화관련 인터뷰를 하던 도중 성과평가제도에 관련된 개선 니즈가 제일 많다는 것을 알게 되었다. 이에 팀장님은 인터뷰 결과를 종합하려 성과평가제도 개선 아이디어를 A4 용지 1장 이내로 신속 보고할 것을 지시하셨다. 당신에게 남은 시간은 1시간이다. 자료를 준비하는 대로 당신은 팀원들이 모인 회의실에서 5분간 발표할 것이며, 이후 질의응답을 진행할 것이다.

2. 배경자료

〈성과평가제도 개선에 대한 인터뷰〉

최근 A사는 회사 사세의 급성장으로 인해 작년보다 매출이 두 배 성장하였고, 직원 수 또한 두 배로 증가하였다. 회사의 성장은 임금, 복지에 대한 상승 등 긍정적인 영향을 주었으나 업무의 불균형 및 성과보상의 불평등의 문제가 발생하였다. 또한 수시로 입사하는 신입직원과 경력직원, 퇴사하는 직원들까지 인원들의 잦은 변동으로 인해 평가해야 할 대상이 변경되어 현재의 성과평가제도로는 공정한 평가가 어려운 상황이다.

[생산부서 김상호]
우리 팀은 지난 1년 동안 생산량이 급증했기 때문에 수십 명의 신규인력이 급하게 채용되었습니다. 이 때문에 저희 팀장님은 신규 입사자들의 이름조차 기억 못할 때가 많이 있습니다. 성과평가를 제대로 하고 있는지 의문이 듭니다.

[마케팅 부서 김흥민]
개인의 성과평가의 취지는 충분히 이해합니다. 그러나 현재 평가는 실적기반이나 정성적인 평가가 많이 포함되어 있어 객관성과 공정성에는 의문이 드는 것이 사실입니다. 이러한 상황에서 평가 제도를 재수립하지 않고, 인센티브에 계속 반영한다면, 평가제도에 대한 반감이 커질 것이 분명합니다.

[교육부서 홍경민]
현재 교육부서는 인사팀과 밀접하게 일하고 있습니다. 그럼에도 인사팀에서 실시하는 성과평가제도에 대한 이해가 부족한 것 같습니다.

[기획부서 김경호 차장]
저는 저의 평가자 중 하나가 연구부서의 팀장님인데, 일 년에 몇 번 같이 일하지 않는데 어떻게 저를 평가할 수 있을까요? 특히 연구팀은 저희가 예산을 배정하는데, 저에게는 좋지만…

4. 토론 면접

① 토론 면접의 특징
- 다수의 지원자가 조를 편성해 과제에 대한 토론(토의)을 통해 결론을 도출해가는 면접입니다.
- 의사소통능력, 팀워크, 종합인성 등의 평가에 용이합니다.

> 1. 주요 평가요소
>   - 설득적 말하기, 경청능력, 팀워크, 종합인성
> 2. 의견이 대립이 명확한 주제 또는 채용분야의 직무 관련 주요 현안을 주제로 과제 구성
> 3. 제한된 시간 내 토론을 진행해야 하므로 적극적으로 자신 있게 토론에 임하고 본인의 의견을 개진할 수 있어야 함

토론 면접의 형태

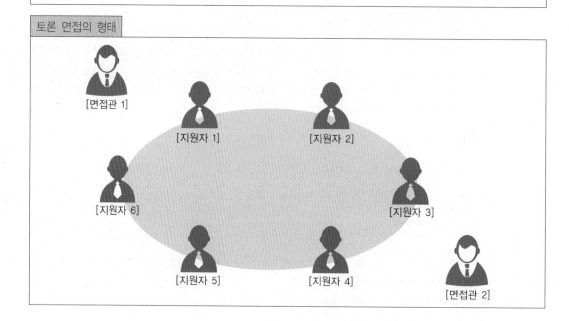

② 토론 면접 예시

고객 불만 고충처리

1. 들어가며

최근 우리 상품에 대한 고객 불만의 증가로 고객고충처리 TF가 만들어졌고 당신은 여기에 지원해 배치받았다. 당신의 업무는 불만을 가진 고객을 만나서 애로사항을 듣고 처리해 주는 일이다. 주된 업무로는 고객의 니즈를 파악해 방향성을 제시해 주고 그 해결책을 마련하는 일이다. 하지만 경우에 따라서 고객의 주관적인 의견으로 인해 제대로 된 방향으로 의사결정을 하지 못할 때가 있다. 이럴 경우 설득이나 논쟁을 해서라도 의견을 관철시키는 것이 좋을지 아니면 고객의 의견대로 진행하는 것이 좋을지 결정해야 할 때가 있다. 만약 당신이라면 이러한 상황에서 어떤 결정을 내릴 것인지 여부를 자유롭게 토론해 보시오.

2. 1분 자유 발언 시 준비사항

- 당신은 의견을 자유롭게 개진할 수 있으며 이에 따른 불이익은 없습니다.
- 토론의 방향성을 이해하고, 내용의 장점과 단점이 무엇인지 문제를 명확히 말해야 합니다.
- 합리적인 근거에 기초하여 개선방안을 명확히 제시해야 합니다.
- 제시한 방안을 실행 시 예상되는 긍정적·부정적 영향요인도 동시에 고려할 필요가 있습니다.

3. 토론 시 유의사항

- 토론 주제문과 제공해드린 메모지, 볼펜만 가지고 토론장에 입장할 수 있습니다.
- 사회자의 지정 또는 발표자가 손을 들어 발언권을 획득할 수 있으며, 사회자의 통제에 따릅니다.
- 토론회가 시작하면, 팀의 의견과 논거를 정리하여 1분간의 자유발언을 할 수 있습니다. 순서는 사회자가 지정합니다. 이후에는 자유롭게 상대방에게 질문하거나 답변을 하실 수 있습니다.
- 핸드폰, 서적 등 외부 매체는 사용하실 수 없습니다.
- 논제에 벗어나는 발언이나 지나치게 공격적인 발언을 할 경우, 위에서 제시한 유의사항을 지키지 않을 경우 불이익을 받을 수 있습니다.

1. 면접 Role Play 편성

- 교육생끼리 조를 편성하여 면접관과 지원자 역할을 교대로 진행합니다.
- 지원자 입장과 면접관 입장을 모두 경험해 보면서 면접에 대한 적응력을 높일 수 있습니다.

 경험면접

STEP 1.
지원자 그룹 경험기술서 작성(30분)

STEP 2.
경험기반 인터뷰 실시(1인당 15분)

면접위원
(최소 2인 이상 구성)

질문
답변   답변

지원자
(1인 대상 권장)

STEP 3.
피드백 진행(1인당 5분)

 발표면접

STEP 1.
지원자 그룹 발표 내용 작성(30분)

STEP 2.
발표 5분+추가질의 5분(1인당 10분)

면접위원
(최소 2인 이상 구성)

질문
발표 /   발표 /
답변   답변

지원자
(1인 대상 권장)

STEP 3.
피드백 진행(1인당 5분)

TIP

면접 준비하기

1. 면접 유형 확인 필수
   - 기업마다 면접 유형이 상이하기 때문에 해당 기업의 면접 유형을 확인하는 것이 좋음
   - 일반적으로 실무진 면접, 임원면접 2차례를 거쳐 면접을 실시하는 기업이 많고 실무진 면접과 임원 면접에서 평가요소가 다르기 때문에 유형에 맞는 준비방법이 필요
2. 후속 질문에 관한 사전 점검
   - 블라인드 채용 면접에서는 주요 질문과 함께 후속 질문을 통해 지원자의 직무능력을 판단
     → STAR 기법을 통한 후속 질문을 미리 대비하는 것이 필요

04 해양환경공단 면접 기출

1. 대면면접

- 4차 산업혁명에 따라 해양보존사업에 적용시킬 수 있는 방안에 대해 말해 보시오.
- 수중에 있는 구조물들과 일반 구조물들과의 차이점에 대해 말해 보시오.
- 해양환경공단에 지원한 이유가 무엇이며, 관련 부서에서 활용할 수 있는 역량은 무엇인지 말해 보시오.
- 해양환경공단의 존립 목적이 무엇이라고 생각하는지 말해 보시오.
- 미세플라스틱이 무엇이며 미세플라스틱 조사는 어떻게 하는지 말해 보시오.
- 본인은 안정을 더 선호하는지, 변화를 더 선호하는지 말해 보시오.
- 해양환경공단이 추구하는 가치관과 본인의 가치관 중 맞다고 생각하는 것은 무엇인가?
- 민원인을 상대하는 본인만의 방법에 대해 말해 보시오.
- 본인 성격의 장점과 단점에 대해 말해 보시오.
- 성취감을 느꼈던 경험에 대해 말해 보시오.
- 해양환경공단에서 가장 중요한 직업윤리는 무엇이라고 생각하는지 말해 보시오.
- 해양환경공단에 지원한 동기를 말해 보시오.
- 그동안 일하면서 힘들었던 점에 대해 말해 보시오.
- 해양환경공단의 업무에 대해 아는 대로 설명해 보시오.
- 전공이 다름에도 해양환경공단을 선택한 이유는 무엇인가?
- 본인이 진행했던 실험 중 가장 기억에 남는 실험을 말해 보시오.

2. 토론면접

- 최근 매립지의 침하가 가속화되고 있는데, 그 원인과 해결방안은 무엇인가?
- 매립지 침하의 원인과 해결방안에 대해 말해 보시오.
- 지구온난화와 관련된 협약에 대한 찬반 의견을 말해 보시오.

3. 예상 면접 질문

- 우리나라 해안선의 총 길이와 섬이 몇 개인지 말해 보시오.
- 함께 일하는 동료가 업무실적은 좋은데 도덕성이 안 좋다면 어떻게 하겠는가?
- 신재생 에너지 사업에 대해 어떻게 생각하는지 말해 보시오.
- 우리나라의 해류에 대해 아는 대로 설명해 보시오.
- 상사가 부당한 지시를 한다면 어떻게 대처할 것인지 말해 보시오.
- 고객이 서비스에 만족하지 않는다면 어떻게 대처할 것인지 말해 보시오.
- 실패를 한 경험과 그것을 극복한 방안에 대해 말해 보시오.
- 남들과는 다른 본인만의 강점에 대해 말해 보시오.
- 직원 대부분이 부정에 연관되어 있다는 사실을 알게 된다면 어떻게 대처할 것인가?
- 직무를 수행하기 위해 어떤 능력을 갖추었는가?
- 다른 사람과의 갈등이 발생하면 어떻게 해결할 것인지 말해 보시오.

www.sdedu.co.kr

해양환경공단

NCS
직업기초능력평가
정답 및 해설

잠깐! 도서 관련 최신 정보 및 정오사항이 있는지
우측 QR을 통해 확인해 보세요!

제1회 모의고사 정답 및 해설

01	02	03	04	05	06	07	08	09	10
②	②	③	④	③	③	②	④	③	④
11	12	13	14	15	16	17	18	19	20
④	③	④	③	①	②	③	④	③	②
21	22	23	24	25	26	27	28	29	30
①	②	③	①	④	①	④	④	②	①
31	32	33	34	35	36	37	38	39	40
①	①	①	②	④	④	②	②	②	④
41	42	43	44	45	46	47	48	49	50
①	④	④	②	④	②	②	③	①	②

01 정답 ②

첫 번째 문단에 통각 수용기에는 감각 적응 현상이 거의 일어나지 않는다는 내용이 나와 있다.

오답분석

① 두 번째 문단에서 Aδ섬유를 따라 전도된 통증 신호가 대뇌피질로 전달되면, 대뇌피질에서는 날카롭고 쑤시는 듯한 짧은 초기 통증을 느끼고 통증이 일어난 위치를 파악한다고 하였으므로 적절하지 않다.

③ 두 번째 문단에서 Aδ섬유는 직경이 크고 전도 속도가 빠르며, C섬유는 직경이 작고 전도 속도가 느리다고 했으므로 적절하지 않다.

④ 첫 번째 문단에서 통각 수용기는 피부에 가장 많아 피부에서 발생한 통증은 위치를 확인하기 쉽다고 했으므로 적절하지 않다.

02 정답 ②

의약품 특허권을 둘러싼 사건의 시작을 제시하며 도입부 역할을 하는 (라)문단이 처음에 오고, 미국의 세부적인 요구 사항을 언급한 (가)문단이 그다음에 와야 한다. 이어 칠레 정부의 대처를 설명하는 (다)문단이 세 번째로 오고, 이러한 의약품 특허권이 지적재산권 협정을 예고했다는 (나)문단이 마지막에 오는 것이 가장 적절하다.

03 정답 ③

자신의 상황에 불만족하여 불안정한 정신 상태를 갖게 되는 사람에게서 리플리 증후군이 잘 나타나는 것은 사실이나, 자신의 상황에 불만족하는 모든 이가 불안정한 정신 상태를 갖는 것은 아니다.

04 정답 ④

제시문은 사람들이 커뮤니케이션에서 메시지를 전할 때 어떠한 의도로 메시지를 전하는지를 유형별로 구분지어 설명하는 글이다.

• 첫 번째 빈칸 – 표현적 메시지 구성논리는 표현자의 생각의 표현을 가장 중시하는 유형이다. 따라서 송신자의 생각이나 감정을 전달하는 수단이라는 ⓒ이 적절하다.

• 두 번째 빈칸 – 인습적 메시지 구성논리는 대화의 맥락, 역할, 관계 등을 고려한 커뮤니케이션의 적절함에 관심을 갖는 유형이다. 따라서 주어진 상황에서 올바른 것을 말하려는 ⓒ이 적절하다.

• 세 번째 빈칸 – 수사적 메시지 구성논리는 커뮤니케이션의 내용에 주목하여 서로 간에 이익이 되는 상황에 초점을 두는 유형이다. 따라서 복수의 목표를 타협한다는 ㉠이 적절하다.

05 정답 ③

오래된 물건은 실용성으로 따질 수 없는 가치를 지니고 있지만, 그 가치가 보편성을 지닌 것은 아니다. 사람들의 손때가 묻은 오래된 물건들은 보편적이라기보다는 개별적이고 특수한 가치를 지니고 있다고 할 수 있다.

06 정답 ③

도킨스에 따르면 인간 개체는 유전자라는 진정한 주체의 매체에 지나지 않게 된다. 이러한 생각에는 살아가고 있는 구체적 생명체를 경시하게 되는 논리가 잠재되어 있다. 따라서 무엇이 진정한 주체인가에 대한 물음이 필자의 문제 제기로 적절하다.

07
정답 ②

제시문은 화성의 운하를 사례로 들어 과학적 진실이란 무엇인지를 설명하고 있다. 존재하지 않는 화성의 운하 사례를 들어 사회적인 영향 때문에 오류를 사실로 착각해 진실을 왜곡하는 경우가 있음을 소개함으로써 사실을 추구해야 하는 과학자들에게는 객관적인 증거와 연구 태도가 필요함을 강조하였다.

08
정답 ④

'-데'는 경험한 지난 일을 돌이켜 말할 때 쓰는, 곧 회상을 나타내는 종결어미이다. 반면에 '-대'는 '다(고)해'의 준말로, 화자가 문장 속의 주어를 포함한 다른 사람으로부터 들은 이야기를 청자에게 간접적으로 전달하는 의미를 갖고 있다. 따라서 ④는 영희에게 들은 말을 청자에게 전달하는 의미로 쓰였으므로 '맛있대'가 되어야 한다.

09
정답 ③

제시문에 따르면 인류는 오른손을 선호하는 반면 왼손을 선호하지 않는 경향이 있다. '기시감'은 처음 보는 인물이나 처음 겪는 일을 어디서 보았거나 겪었던 것처럼 느끼는 것을 말하므로 '기시감'으로 수정하는 것은 적절하지 않다.

오답분석

① '선호하다'에 이미 '다른 요소들보다 더 좋아하다.'라는 의미가 있으므로 '더'를 함께 사용하는 것은 의미상 중복이다. 따라서 '선호하는' 또는 '더 좋아하는'으로 수정해야 한다.
② '-ㄹ뿐더러'는 하나의 어미이므로 앞말에 붙여 쓴다.
④ 제시문은 인류가 오른손을 선호하고 왼손을 선호하지 않는 이유에 대한 글이다. 따라서 ㉢과 같이 왼손잡이를 선호하는 사회가 발견된다면 새로운 이론이 등장할 것이라는 내용이 글의 중간에 등장하는 것은 일관성을 해칠 뿐만 아니라, ㉢의 '이러한 논란'이 가리키는 바도 제시문에 존재하지 않는다.

10
정답 ④

제시문에서는 물이 기체, 액체, 고체로 변화하는 과정을 통해 지구 내 '물의 순환' 현상을 설명하고 있다. 따라서 내용 전개 방식으로 ④가 가장 적절하다.

11
정답 ④

세레나데 & 봄의 제전은 55% 할인된 가격인 27,000원에서 10%가 티켓 수수료 추가되므로 2,700원을 더한 29,700원이 총 결제 가격이다. 티켓판매 수량이 1,200장이므로 총수익은 35,640,000원이다.

오답분석

① 판매자료에 티켓이 모두 50% 이상 할인율을 가지고 있어 할인율이 크다는 생각을 할 수 있다.

② 티켓 판매가 부진해 소셜커머스도 반값 이상의 할인을 한다는 생각은 충분히 할 수 있는 생각이다.
③ 백조의 호수의 경우 2월 5일 ~ 2월 10일까지 6일이라는 가장 짧은 기간 동안 티켓을 판매했지만 1,787장으로 가장 높은 판매량을 기록하고 있다. 설 연휴와 더불어 휴일에 티켓 수요가 늘 것을 예상해 일정을 짧게 잡아 단기간에 빠르게 판매량을 높인 것을 유추할 수 있다.

12
정답 ③

'물을 녹색으로 만든다.'를 p, '냄새 물질을 배출한다.'를 q, '독소 물질을 배출한다.'를 r, '물을 황색으로 만든다.'를 s라고 하면 $p \to q$, $r \to \sim q$, $s \to \sim p$이 성립한다. 첫 번째 명제의 대우인 $\sim q \to \sim p$가 성립함에 따라 $r \to \sim q \to \sim p$가 성립한다. 따라서 '독소 물질을 배출하는 조류는 물을 녹색으로 만들지 않는다.'는 반드시 참이 된다.

13
정답 ④

오답분석

ㄴ. 사용하지 않은 성분을 강조하였으므로 제1항 제3호에 해당한다.
ㄹ. 질병 예방에 효능이 있음을 나타내었으므로 제1항 제1호에 해당한다.

14
정답 ③

제2항 제2호에 의해 과대광고가 아니다.

오답분석

① 제1항 제1호 위반
② 제1항 제2호 위반
④ 제1항 제1호 위반

15
정답 ①

다희는 철수보다 늦게 내리고 영수보다 빨리 내렸으므로, '철수 – 다희 – 영수' 순서로 내렸다. 또한 희수는 만수보다 한 층 더 가서 내렸으므로, '만수 – 희수' 순서로 내렸다. 희수는 영수보다 3층 전에 내렸으므로 '희수 – ○○ – ○○ – 영수' 순서로 내렸다. 이를 정리하면 '만수 – 희수 – 철수 – 다희 – 영수' 순서이고, 영수가 마지막에 내리지 않았으므로 태영이가 8층에 내렸다. 따라서 홀수 층에서 내린 사람은 영수이다.

16

정답 ②

$$℃=\frac{5}{9}(℉-32) \rightarrow ℉=\frac{9}{5}\times℃+32 \rightarrow ℉=\frac{9}{5}\times30+32=86℉$$

17

정답 ③

오답분석

①·④ E가 두 명이 탑승한 차에 있기 때문에 오답이다.

② A가 D나 F 중 어떤 사람과도 함께 타지 않았기 때문에 오답이다.

18

정답 ④

C주임은 출장으로 인해 참석하지 못하며, B사원과 D주임 중 한 명만 참석이 가능하다. 또한 주임 이상만 참여 가능하므로 A사원과 B사원은 참석하지 못한다. 그리고 가능한 모든 인원이 참석해야 하므로 참석하지 못할 이유가 없는 팀원은 전부 참여해야 한다. 따라서 참석할 사람은 D주임, E대리, F팀장이다.

19

정답 ③

기현이가 휴대폰 구매 시 고려하는 사항의 순위에 따라 제품의 평점을 정리하면 다음과 같다.

구분	A사	B사	L사	S사
디자인	4	3	4	4
카메라 해상도	4		4	4
가격	3		3	3
A/S 편리성	2		4	4
방수			5	3

먼저 디자인 항목에서 평점이 가장 낮은 B사 제품은 제외된다. 카메라 해상도와 가격 항목에서는 A사, L사, S사 제품의 평점이 모두 동일하지만, A/S 편리성 항목에서 A사 제품의 평점이 L사와 S사에 비해 낮으므로 A사 제품이 제외된다. 다음으로 고려하는 방수 항목에서는 L사가 S사보다 평점이 높으므로 결국 기현이는 L사의 휴대폰을 구매할 것이다.

20

정답 ②

키보드, 스캐너, 마우스는 입력 장치에 해당하므로 14개, 출력 장치는 스피커, LCD 모니터, 레이저 프린터가 해당하므로 11개, 저장 장치는 광디스크, USB 메모리가 해당하므로 19개이다. 따라서 재고량 조사표에서 출력 장치가 11개가 되어야 한다.

21

정답 ①

①은 스톡옵션제도에 대한 설명으로, 자본참가 유형에 해당한다.

오답분석

② 스캔론플랜에 대한 설명으로, 성과참가 유형에 해당한다.

③ 럭커플랜에 대한 설명으로, 성과참가 유형에 해당한다.

④ 노사협의제도에 대한 설명으로, 의사결정참가 유형에 해당한다.

22

정답 ②

팀은 다른 집단들에 비해 구성원들의 개인적 기여를 강조하고, 개인적 책임뿐만 아니라 상호 공동책임을 중요시하며, 공동목표의 추구를 위해 헌신해야 한다는 의식을 공유한다.

23

정답 ③

아프리카 사람들과 이야기할 때 눈을 바라보는 것은 실례이므로 코 끝 정도를 보면서 대화하는 것이 예의이다.

24

정답 ①

오답분석

② 확인단계에 대한 설명이다.

③ 개발단계는 확인된 문제에 대해 해결방안을 모색하는 단계로, 새로운 문제의 해결방법을 찾는 탐색과정과 이전에 없었던 새로운 문제의 해결안을 설계하는 2가지 방식으로 이루어질 수 있다.

④ 개발단계에 대한 설명이다.

25

정답 ④

시스템 오류 확인 및 시스템 개선 업무는 고객지원팀이 아닌 시스템개발팀이 담당하는 업무이다.

26

정답 ①

A씨의 행동을 살펴보면, 무계획적인 업무처리로 인하여 일이 늦어지거나 누락되는 경우가 많다는 것을 알 수 있다. 이러한 행동에 대해서 적절한 피드백으로는 업무를 계획적으로 진행하라는 맥락인 ①이 적절하다.

27

정답 ④

중요도와 긴급성에 따라 우선순위를 둔다면 1순위는 회의 자료 준비이다. 업무 보고서는 내일 오전까지 시간이 있으므로 회의 자료를 먼저 준비하는 것이 옳다. 그러므로 ㉣이 가장 좋은 행동이라 할 수 있다. 반면, ㉠은 첫 번째 우선순위로 놓아야 할 회의 자료 작성을 전혀 고려하지 않고 있으므로 가장 좋지 않은 행동이라 할 수 있다.

28 정답 ④

업무환경에 '자유로운 분위기'라고 명시되어 있으므로 '중압적인 분위기를 잘 이겨낼 수 있다.'라는 내용은 옳지 않다.

29 정답 ②

회의의 내용으로 보아 의사결정방법 중 브레인스토밍 기법을 사용하고 있다. 브레인스토밍은 문제에 대한 제안이 자유롭게 이어지고, 아이디어는 많을수록 좋으며, 제안한 모든 아이디어를 종합하여 해결책을 내는 방법이다. 따라서 다른 직원의 의견에 대해 반박을 한 D주임의 태도가 적절하지 않다.

30 정답 ①

우선순위를 파악하기 위해서는 먼저 중요도와 긴급성을 파악해야 한다. 즉, 중요도와 긴급성이 높은 일부터 처리해야 하는 것이다. 그러므로 업무 리스트 중에서 가장 먼저 해야 할 일은 내일 있을 당직 근무자 명단 확인이다. 그다음 경영1팀의 비품 주문, 신입사원 면접 날짜 확인, 인사총무팀 회식 장소 예약 확인, 회사 창립기념일 행사 준비 순으로 진행하면 된다.

31 정답 ①

단추뿐만 아니라 도형에도 하이퍼링크 지정이 가능하다.

32 정답 ①

② [Ctrl] + [N] : 새로 만들기
③ [Alt] + [F1] : 차트 삽입
④ [Ctrl] + [Enter] : 범위에 같은 내용 입력

33 정답 ①

「=MID(데이터를 참조할 셀 번호, 왼쪽을 기준으로 시작할 기준 텍스트, 기준점을 시작으로 가져올 자릿수)」로 표시되기 때문에 「=MID(B2,5,2)」가 옳다.

34 정답 ②

차트 작성 순서
1단계 : 차트 종류 설정
2단계 : 차트 범위와 계열 설정
3단계 : 차트의 각종 옵션(제목, 범례, 레이블 등) 설정
4단계 : 작성된 차트의 위치 설정

35 정답 ④

- 최종점수는 [E2] 셀에 「=ROUND(AVERAGE(B2:C2)*0.9+D2*0.1,1)」을 넣고 드래그하면 된다. 따라서 ②는 사용하는 함수이다.
- 등수는 [F2] 셀에 「=RANK(E2,$E$2:$E$8)」을 넣고 드래그하면 된다. 따라서 ③은 사용하는 함수이다.
- 등급은 [G2] 셀에 「=IFS(RANK(E2,$E$2:$E$8)<=2,"A", RANK(E2,$E$2:$E$8)<=5,"B",TRUE,"C")」을 넣고 드래그하면 된다. 따라서 ①은 사용하는 함수이다.

36 정답 ④

워드프로세서의 머리말은 한 페이지의 맨 위에 한두 줄의 내용이 고정적으로 반복되게 하는 기능이다.

37 정답 ②

컴퓨터 시스템의 구성요소
- 중앙처리장치(CPU) : 컴퓨터의 시스템을 제어하고 프로그램의 연산을 수행하는 처리장치
- 주기억장치 : 프로그램이 실행될 때 보조기억장치로부터 프로그램이나 자료를 이동시켜 실행시킬 수 있는 기억장치
- 보조저장장치 : 2차 기억장치, 디스크나 CD-ROM과 같이 영구 저장 능력을 가진 기억장치
- 입출력장치 : 각 장치마다 별도의 제어기가 있어, CPU로부터 명령을 받아 장치의 동작을 제어하고 데이터를 이동시키는 일을 수행

38 정답 ②

'디스크 정리' 프로그램은 불필요한 프로그램을 제거함으로써 하드디스크 용량을 확보해 주는 프로그램이다. PC에 하드가 인식하지 않는 상태에서는 윈도우를 활용할 수 없으므로, 윈도우의 '디스크 정리' 프로그램은 사용할 수 없다.

39 정답 ②

도형 선택 후 [Shift] 버튼을 누르고 도형을 회전시키면 15° 간격으로 회전시킬 수 있다.

40 정답 ④

「=IF(판정될 값이나 식, TRUE일 때 돌려주는 값, FALSE일 때 돌려주는 값)」으로, 「=MID(돌려줄 문자들이 포함된 문자열, 돌려줄 문자열에서 첫째 문자의 위치, 돌려줄 문자 개수)」로 표시된다. [B2] 셀의 8번째 자리의 숫자로 성별을 판단하기 때문에 「=IF(MID(B2,8,1)="1","남성","여성")」이 옳다.

41
정답 ①

입구와 출구가 같고 둘레의 길이가 456m인 타원 모양의 호수 둘레를 따라 4m 간격으로 일정하게 심겨 있는 가로수는 $456 \div 4 = 114$그루이며, 입구에 심겨 있는 가로수를 기준으로 6m 간격으로 가로수를 옮겨 심으려고 할 때, 4m와 6m의 최소공배수인 12m 간격의 가로수 $456 \div 12 = 38$그루는 그 자리를 유지하게 된다. 이때 호수 둘레를 따라 6m 간격으로 일정하게 가로수를 심을 때, 필요한 가로수는 $456 \div 6 = 76$그루이므로 그대로 두는 가로수 38그루를 제외한 $76 - 38 = 38$그루를 새롭게 옮겨 심어야 한다.

42
정답 ④

한 번의 가위바위보에서 한 명이 이길 확률은 $\frac{1}{3}$이고, 그렇지 않을 확률은 $\frac{2}{3}$이므로, 세 번 안에 한 명의 승자가 정해질 확률은 다음과 같다.

- 첫 게임에 승자가 정해질 확률 : $\frac{1}{3}$
- 첫 게임에 승자가 정해지지 않고, 두 번째 게임에 정해질 확률 : $\frac{2}{3} \times \frac{1}{3} = \frac{2}{9}$
- 첫 번째와 두 번째 게임에 승자가 정해지지 않고, 세 번째 게임에 정해질 확률 : $\frac{2}{3} \times \frac{2}{3} \times \frac{1}{3} = \frac{4}{27}$

따라서 세 번 안에 한 명의 승자가 정해질 확률은 $\frac{1}{3} + \frac{2}{9} + \frac{4}{27} = \frac{19}{27}$이다.

43
정답 ④

컴퓨터 정보지수(500) 중 컴퓨터 활용지수(20%)의 정보수집률(20%)의 점수를 구해야 한다.

$$(\text{정보수집률}) = 500 \times \frac{20}{100} \times \frac{20}{100} = 500 \times 0.04 = 20$$

따라서 정보수집률은 20점이다.

44
정답 ②

백화점에 납품한 제품의 수는 $1,000 \times 0.6 = 600$개이고, 직영점에 납품한 제품의 수는 400개이다. 그리고 이 전체 납품 가격은 36,000원이다. 즉, 제품 1개의 납품 가격은 $\frac{36,000}{600} = 60$원이다.

판매 시즌이 종료되었을 때 백화점과 직영점에서 아웃렛으로 보내는 제품의 수는 각각 $600 \times 0.3 = 180$개, $400 \times 0.7 = 280$개이다. 따라서 아웃렛에서 판매하는 제품의 총 가격은 $(180 + 280) \times 60 = 27,600$원이다.

45
정답 ④

2시간에 2,400L를 채우려면 1분에 20L씩 넣으면 된다. 즉, 20분 동안 채운 물의 양은 400L이고, 수영장에 있는 물의 양은 $2,400 \times \frac{1}{12} = 200$L이므로 20분 동안 새어나간 물의 양은 $400 - 200 = 200$L이다. 따라서 1분에 10L의 물이 새어나간 것을 알 수 있다. 남은 1시간 40분 동안 $2,400 - 200 = 2,200$L의 물을 채워야 하므로 1분에 붓는 물의 양을 xL라 하면

$(x - 10) \times 100 \geq 2,200$

$\therefore x \geq 32$

46
정답 ②

2022년 7월 서울특별시의 소비심리지수는 128.8이고, 2022년 12월 서울특별시의 소비심리지수는 102.8이다. 따라서 2022년 7월 대비 2022년 12월의 소비심리지수 감소율은 $\frac{128.8 - 102.8}{128.8} \times 100 = 20.19\%$이다.

오답분석

① 2022년 7월 소비심리지수가 100 미만인 지역은 대구광역시, 경상북도 두 곳이다.
③ 자료를 통해 확인할 수 있다.
④ 2022년 9월에 비해 2022년 10월에 가격상승 및 거래증가 응답자가 적었던 지역은 $100.0 \rightarrow 96.4$로 감소한 경상북도 한 곳이다.

47
정답 ②

A ~ E의 적성고사 점수를 구하면 다음과 같다.
- A(인문계열)
  : $(18개 \times 4점) + (17개 \times 3점) + (5개 \times 3점) + 230점 = 368점$
- B(자연계열)
  : $(17개 \times 3점) + (13개 \times 4점) + (8개 \times 3점) + 230점 = 357점$
- C(인문계열)
  : $(12개 \times 4점) + (14개 \times 3점) + (6개 \times 3점) + 230점 = 338점$
- D(인문계열)
  : $(17개 \times 4점) + (11개 \times 3점) + (3개 \times 3점) + 230점 = 340점$
- E(자연계열)
  : $(19개 \times 3점) + (18개 \times 4점) + (6개 \times 3점) + 230점 = 377점$

따라서 A ~ E의 평균 점수는 $(368 + 357 + 338 + 340 + 377) \div 5 = 356$점이다.

48

산업이 부담하는 연구비는 일본 82,326억 엔, 미국 147,300억 엔, 독일 35,739억 엔, 프랑스 11,977억 엔, 영국 17,593억 엔이고, 그중 산업 조직이 사용하는 비율은 일본 98.6%, 미국 98.4%, 독일 97.3%, 프랑스 99.1%, 영국 95.5%이다.

오답분석

① 독일 정부가 부담하는 연구비는 $6,590+4,526+7,115=18,231$억 엔이고, 이는 미국 정부가 부담하는 연구비인 $33,400+71,300+28,860=133,560$억 엔의 약 $\frac{1}{7}$이다.

② 정부 부담 연구비 중에서 산업 조직의 사용 비율이 가장 높은 나라는 미국이다.

④ 미국의 대학이 사용하는 연구비는 일본의 대학이 사용하는 연구비의 $\frac{28,860+2,300}{10,921+458}=\frac{31,160}{11,379}≒2.7$배이다.

49

A지역의 2월과 12월 평균기온은 영하이며, 8월 강수량은 자료보다 낮게 나타냈다.

50

ㄱ. 한국, 독일, 영국, 미국이 전년 대비 감소했다.

ㄷ. 한국, 중국, 독일의 연구개발비 증가율을 각각 구하면 다음과 같다.

- 한국 : $\frac{33,684-28,641}{28,641}×100=\frac{5,043}{28,641}×100≒17.6\%$

- 중국 : $\frac{48,771-37,664}{37,664}×100=\frac{11,107}{37,664}×100≒29.5\%$

- 독일 : $\frac{84,148-73,737}{73,737}×100=\frac{10,441}{73,737}×100≒14.2\%$

따라서 중국, 한국, 독일 순서로 증가율이 높다.

오답분석

ㄴ. 2017년 대비 2021년 연구개발비 증가율은 중국이 약 3배가량 증가하여 가장 높고, 일본은 $\frac{169,047-151,270}{151,270}×100$

$≒11.8\%$이고, 영국은 $\frac{40,291-39,421}{39,421}×100≒2.2\%$이다.

따라서 영국의 연구개발비 증가율이 가장 낮다.

제2회 모의고사 정답 및 해설

01	02	03	04	05	06	07	08	09	10
④	①	④	④	①	②	②	④	③	③
11	12	13	14	15	16	17	18	19	20
①	③	③	③	②	①	③	①	②	③
21	22	23	24	25	26	27	28	29	30
④	②	③	④	④	④	②	③	④	③
31	32	33	34	35	36	37	38	39	40
②	①	④	④	③	③	③	③	③	④
41	42	43	44	45	46	47	48	49	50
③	②	③	①	②	④	①	③	④	③

01
정답 ④

마지막 문단의 '기다리지 못함도 삼가고 아무것도 안함도 삼가야 한다. 작동 중에 있는 자연스런 성향이 발휘되도록 기다리면서도 전력을 다할 수 있도록 돕는 노력도 멈추지 말아야 한다.'를 통해 ④ '잠재력을 발휘하도록 하려면 의도적 개입과 방관적 태도 모두를 경계해야 한다.'가 이 글의 중심 주제가 됨을 알 수 있다.

오답분석
① 인위적 노력을 가하는 것은 일을 '조장(助長)'하지 말라고 한 맹자의 말과 반대된다.
② 싹이 성장하도록 기다리는 것도 중요하지만 '전력을 다할 수 있도록 돕는 노력'도 해야 한다.
③ 명확한 목적성을 강조하는 부분은 이 글에 나와 있지 않다.

02
정답 ①

제시문에서는 인간의 생각과 말은 깊은 관계를 가지고 있으며, 생각이 말보다 범위가 넓고 큰 것은 맞지만 그것을 말로 표현하지 않으면 그 생각이 다른 사람에게 전달되지 않는다고 주장한다. 즉, 생각은 말을 통해서만 다른 사람에게 전달될 수 있다는 것이다. 따라서 이러한 주장에 대한 반박으로 ①이 가장 적절하다.

03
정답 ④

4D 프린팅은 기존 3D 프린팅에 시간을 추가한 개념으로서 시간의 경과, 온도의 변화 등 특정 상황에 놓일 경우 출력물의 외형과 성질이 변한다. 따라서 물의 온도가 높을 때는 닫히고, 물의 온도가 낮아지면 열리는 것과 같이 물의 온도 변화에 따라 달라지는 수도밸브는 4D 프린팅을 통해 구현할 수 있다.

오답분석
①·②·③은 시간의 경과나 온도의 변화 등과 관계없는 제품으로, 3D 프린팅을 통해 구현 가능하다.

04
정답 ④

제시문은 여름에도 감기에 걸리는 이유와 예방 및 치료방법에 대해 설명하고 있다. 따라서 '(마) 의외로 여름에도 감기에 걸림 → (가) 찬 음식과 과도한 냉방기 사용으로 체온이 떨어져 면역력이 약해짐 → (라) 감기 예방을 위해 찬 음식은 적당히 먹고 충분한 휴식을 취하고, 귀가 후 손발을 씻어야 함 → (나) 감기에 걸렸다면 수분을 충분히 섭취해야 함 → (다) 열이나 기침이 날 때에는 따뜻한 물을 여러 번 나눠 먹는 것이 좋음'의 순서대로 연결되어야 한다.

05
정답 ①

두 번째 문단은 첫 번째 문단의 부연 설명이고, 제시문의 전개 방식은 다음과 같다.
• 대전제 : 전 세계를 상대로 진리를 탐구하는 것만이 진정한 학자이다.
• 소전제 : 남의 학문을 전파하는 것은 진리 탐구와는 성질이 다른 것이다.
• 결론 : 남의 학문을 전파하는 사람은 진정한 학자가 아니다.
전체적으로 보면 연역법의 '정언 삼단논법' 형식을 취하고 있다. 정언 삼단논법이란 세 개의 정언 명제로 구성된 간접추리 방식으로서 세 개의 명제 가운데 두 개의 명제는 전제이고, 나머지 한 개의 명제는 결론이 된다.

06
정답 ②

'찌개 따위를 끓이거나 설렁탕 따위를 담을 때 쓰는 그릇'을 뜻하는 어휘는 '뚝배기'이다.

오답분석
① '음식에서 두 그릇의 몫을 한 그릇에 담은 분량'의 의미를 가진 어휘는 '곱빼기'이다.
③ '사람들의 관심이나 주의가 집중되는 사물의 중심 부분'의 의미를 가진 어휘는 '초점'이다.
④ '액체 따위를 끓여서 진하게 만들다, 약재 따위에 물을 부어 우러나도록 끓이다.'의 의미를 가진 어휘는 '달이다'이다.

07
정답 ②

조간대의 상부에 사는 생물의 예시만 있으며, 중부에 사는 생물에 대한 언급은 없으므로 ②는 적절하지 않다.

오답분석
① 마지막 문단에서 조간대에 사는 생물 중 총알고둥류가 사는 곳은 물이 가장 높이 올라오는 지점인 상부라는 것을 이야기하고 있다.
③ 마지막 문단에서 척박한 바다 환경에 적응하기 위해 높이에 따라 종이 수직으로 분포한다고 언급하고 있다.
④ 첫 번째, 두 번째 문단에서 조간대의 환경적 조건에 대해 언급하고 있다.

08
정답 ④

주어진 보기는 관심사가 하나뿐인 사람을 1차원 그래프로 표시할 수 있다는 내용이다. 이는 제시문의 1차원적 인간에 대한 구체적인 예시에 해당하므로 ㉣에 들어가는 것이 가장 적절하다.

09
정답 ③

주어가 '패스트푸드점'이기 때문에 임금을 받는 것이 아니라 주는 주체이므로 '대체로 최저임금을 주거나'로 수정하는 것이 적절하다.

10
정답 ③

제시문은 우리나라가 지식 기반 산업 위주의 사회로 바뀌면서 내부 노동 시장에 의존하던 인력 관리 방식이 외부 노동 시장에서의 채용으로 변화함에 따라 지식 격차에 의한 소득 불평등과 국가 간 경제적 불평등 현상이 심화되고 있다고 언급하고 있다.

오답분석
① 정보통신 기술을 통해, 전 지구적 노동 시장이 탄생하여 기업을 비롯한 사회 조직들이 국경을 넘어 인력을 충원하고 재화와 용역을 구매하고 있다고 언급했다. 하지만 이러한 국가 간 노동 인력의 이동이 가져오는 폐해에 대해서는 언급하고 있지 않다.
② 지식 기반 경제로의 이행은 지식 격차에 의한 소득 불평등 심화 현상을 일으킨다. 하지만 이것에 대한 해결책은 언급하고 있지 않다.

④ 생산 기능은 저개발국으로 이전되고 연구 개발 기능은 선진국으로 모여들어 정보 격차가 확대되고 있다. 하지만 국가 간의 격차 축소 정책의 필요성은 언급하고 있지 않다.

11
정답 ①

제시된 조건에 따라 A, B, C는 각각 7개, 6개, 7개의 동전을 가지게 된다. 이때 모든 종류의 동전이 있는 A의 최소 금액은 $10 \times 4 + 50 \times 1 + 100 \times 1 + 500 \times 1 = 690$원이 된다.

오답분석
② C가 2개($500 \times 1 + 100 \times 1 = 600$원)의 동전을 가지고, B도 C와 같은 개수(2개)의 동전을 가지게 된다. 이때 16개의 동전을 가진 A의 최대 금액은 $500 \times 16 = 8,000$원이 된다.
③ C가 2개($500 \times 1 + 100 \times 1 = 600$원)의 동전을 가진 경우와 3개($500 \times 1 + 50 \times 2 = 600$원)의 동전을 가진 경우도 있을 수 있다. 이때 B도 C와 같은 개수인 각 2개와 3개의 동전을 가져, B와 C가 각각 4개 이상의 동전을 가질 수 없게 된다.
④ 제시된 조건만으로는 알 수 없다.

12
정답 ③

주어진 조건에 따르면 (B, E), (A, G), (C, F)는 각각 같은 팀임을 알 수 있다. 이때 D와 다른 팀인 (C, F)가 (B, E) 또는 (A, G)와 같은 팀이라면, C가 속한 팀의 직원 수는 항상 4명이 되므로 C와 F는 누구와 같은 팀이 되든 인사팀임을 알 수 있다. 한편, (B, E), (A, G)는 각각 (C, F)와 함께 인사팀이 될 수도 있고 (C, F)와 떨어져 회계팀이 될 수도 있으므로 주어진 조건만으로는 어떤 팀에서 근무하는지 정확히 알 수 없다.

13
정답 ③

다섯 번째, 여섯 번째 조건을 통해 생일이 빠른 순서로 정렬하면 '정 – 을 – 병 – 갑' 또는 '을 – 병 – 갑 – 정'이다. 그러나 네 번째 조건에 따라 '정 – 을 – 병 – 갑'은 될 수 없다. 따라서 '을 – 병 – 갑 – 정' 순으로 생일이 빠르다. 그러므로 세 번째, 네 번째 조건에 따라 을은 법학, 병은 의학, 갑은 수학, 정은 철학을 전공했음을 추론할 수 있다.

14
정답 ③

비판적 사고를 발휘하는 데는 개방성, 융통성 등이 필요하다. 개방성은 다양한 여러 신념들이 진실일 수 있다는 것을 받아들이는 태도로, 편견이나 선입견에 의하여 결정을 내려서는 안 된다. 융통성은 개인의 신념이나 탐구 방법을 변경할 수 있는 태도로, 비판적 사고를 위해서는 특정한 신념의 지배를 받는 고정성, 독단적 태도 등을 배격해야 한다. 따라서 비판적 평가에서 가장 낮은 평가를 받게 될 사람은 본인의 신념을 갖고 상대를 끝까지 설득하겠다는 C이다.

15 정답 ②

A사원은 자사의 수익과 성과가 적은 이유를 단순히 영업에서의 문제로 판단하고, 타사의 근무하는 친구의 경험만을 바탕으로 이에 대한 해결 방안을 제시하였다. 따라서 문제를 각각의 요소로 나누어 판단하는 분석적 사고가 부족한 사례로 볼 수 있다. 그러므로 A사원은 먼저 문제를 각각의 요소로 나누고, 그 요소의 의미를 도출한 후 우선순위를 부여하여 구체적인 문제해결 방법을 실행해야 한다.

16 정답 ①

주어진 조건에 따라 비품실의 선반 구조를 추론해보면 다음과 같다.

6층	화장지
5층	보드마카, 스테이플러
4층	종이
3층	믹스커피, 종이컵
2층	간식
1층	볼펜, 메모지

종이는 4층에 위치하며, 종이 아래에는 믹스커피, 종이컵, 간식, 볼펜, 메모지가 있다. 따라서 ①이 정답이다.

17 정답 ③

A과장은 패스트푸드점, B대리는 화장실, C주임은 은행, 귀하는 편의점을 다녀오지만, 이는 동시에 이루어지는 일이므로 왕복 소요시간이 가장 많은 은행을 다녀오는 C주임까지 다 모이는 시각은 16:50에서 30분 지난 17:20이다. 17:00, 17:15에 출발하는 버스는 이용하지 못하고, 다음 17:30에 출발하는 버스는 잔여좌석이 부족하여 이용하지 못한다. 따라서 다음 17:45에 출발하는 버스를 이용할 수 있으므로 가장 빠른 서울 도착 예정시각은 19:45이다.

18 정답 ①

주어진 조건을 정리하면 다음과 같다.

구분	1번 방	2번 방	3번 방	4번 방	5번 방
경우 1	A	B	E	C	D
경우 2	A	B	E	D	C

• A : 두 경우 모두 E가 C의 왼쪽에 있다.
• B : 경우 1에는 B, E, C가 차례대로 옆방에 붙어있으나, 경우 2에는 B, E, C가 차례대로 붙어있지 않다.

19 정답 ②

주어진 조건에 따라 회사의 옥상 정원 구조를 추론해보면 다음과 같다.

1줄	은행나무, 벚나무
2줄	플라타너스, 단풍나무
3줄	소나무, 감나무
4줄	밤나무, 느티나무

따라서 벚나무는 은행나무와 함께 맨 앞줄에 심어져 있다.

20 정답 ③

네 번째, 다섯 번째 조건에 의해 A와 C는 각각 2종류의 동물을 키운다. 또한 첫 번째, 두 번째, 세 번째 조건에 의해 A는 토끼를 키우지 않는다. 따라서 A는 개와 닭, C는 고양이와 토끼를 키운다. 첫 번째 조건에 의해 D는 닭을 키우므로 C는 키우지 않지만 D가 키우는 종류의 동물은 닭이다.

오답분석
① 세 번째 조건에 의해 B는 개를 키운다.
② B가 토끼는 키우지 않지만, 고양이는 키울 수도 있다. 하지만 주어진 조건만 가지고 확신할 수 없다.
④ A, B, D 또는 B, C, D가 같은 종류의 동물을 키울 수 있다.

21 정답 ④

청년들의 해외 취업을 지원하는 프로그램인 K-Move 취업센터 운영은 해외취업국이 담당하므로 외국인력국의 업무와 거리가 멀다. 외국인력국은 외국인 근로자의 입국을 지원하고, 입국 초기 외국인 근로자를 모니터링 하는 등 외국인 근로자의 국내 체류를 돕는다. 또한 외국인 근로자 고용허가제의 일환인 한국어능력시험을 시행하는 등 주로 외국인 근로자의 고용 지원 업무를 담당한다.

22 정답 ③

일 년에 한두 권밖에 안 팔리는 책일지라도 이러한 책들의 매출이 모이고 모이면 베스트셀러 못지않은 수익을 낼 수 있다.

23 정답 ③

조직을 둘러싼 환경이 급변하면서 이에 적응하기 위한 전략이 점점 더 중요해지고 있다.

24 정답 ④

초장대교량사업단은 연구개발본부 소속이라고 하였으므로 R&D 본부에 속해야 한다.

25 정답 ④

도요타 자동차는 소비자의 관점이 아닌 생산자의 관점에서 문제를 해결하려다 소비자들의 신뢰를 잃게 됐다. 따라서 기업은 생산자가 아닌 소비자의 관점에서 문제를 해결하기 위해 노력해야 한다.

26 정답 ④

창의적인 사고는 선천적으로 타고난 사람들에게만 있으며 후천적 노력에는 한계가 있다는 것은 편견이다.

27 정답 ②

'(A) 비서실 방문'은 브로슈어 인쇄를 위해 미리 파일을 받아야 하므로 '(D) 인쇄소 방문'보다 먼저 이루어져야 한다. '(B) 회의실, 마이크 체크'는 내일 오전 '(F) 업무보고' 전에 준비해야 할 사항이다. '(C) 케이터링 서비스 예약'은 내일 3시 팀장회의를 위해 준비하는 것이므로 24시간 전인 오늘 3시 이전에 실시하여야 한다. 따라서 위 업무순서를 정리하면 (C) – (A) – (D) – (B) – (E)가 되는데, 여기서 (C)가 (A)보다 먼저 이루어져야 하는 이유는 현재 시각이 2시 50분이기 때문이다. 비서실까지 가는 데 걸리는 시간이 15분이므로 비서실에 갔다 오면 3시가 지난다. 그러므로 케이터링 서비스 예약을 먼저 하는 것이 옳다.

28 정답 ③

ㄱ. 전결권자인 전무가 출장 중인 경우 대결권자가 이를 결재하고 전무가 후결을 하는 것이 맞다.

ㄴ. 부서장이 전결권자이므로 해당 직원을 채용하는 부서(영업부, 자재부 등)의 부서장이 결재하는 것이 바람직하다.

ㄹ. 교육훈련 대상자 선정은 이사에게 전결권이 있으므로 잘못된 결재 방식이다.

29 정답 ④

기획안은 본인이 생각한 것이 받아들여지는 것, 즉 '설득'이 목적인 문서이다. 그러므로 처음부터 최대한 완벽하게 작성해서 제출해야 한다. 물론 한 번에 받아들여지기보다는 피드백을 받는 경우가 많지만, 수용할 만한 기획서이고 제출자가 열심히 준비했다는 인상을 주는 것이 중요하기 때문이다.

30 정답 ③

시간 순서대로 나열해보면 '회의실 예약 – PPT 작성 – 메일 전송 – 수정사항 반영 – B주임에게 조언 구하기 – 브로슈어에 최종본 입력 – D대리에게 파일 전달 – 인쇄소 방문' 순서이다.

31 정답 ②

연속된 셀을 범위로 선택할 때는 [Shift]를 누른 채 클릭하고, 불연속적인 셀을 범위로 선택할 때는 [Ctrl]을 누른 채 클릭하거나 드래그한다.

32 정답 ①

시나리오 관리자에 대한 설명이다.

오답분석

② 목표값 찾기 : 수식의 결괏값은 알고 있지만 그 결괏값을 계산하기 위한 입력값을 모를 때, 입력값을 찾기 위해 사용

③ 부분합 : 전체 데이터를 부분(그룹)으로 분류하여 분석

④ 데이터 표 : 특정 값의 변화에 따른 결괏값의 변화 과정을 표로 표시

33 정답 ④

오답분석

① 새 문서

② 쪽 번호 매기기

③ 저장하기

34 정답 ④

오답분석

① [Home] : 커서를 행의 맨 처음으로 이동시킨다.

② [End] : 커서를 행의 맨 마지막으로 이동시킨다.

③ [Back Space] : 커서 앞의 문자를 하나씩 삭제한다.

35 정답 ③

③은 그리드 컴퓨팅에 대한 설명이다. 클라우드 컴퓨팅은 웹, 애플리케이션 등 범용적인 용도로 사용된다.

> **🖉 Plus**
>
> **클라우드 컴퓨팅의 특징**
> • 인터넷을 통해서 IT 리소스를 임대하고 사용한 만큼 비용을 지불
> • 가상화와 분산처리 기술 기반
> • 컨테이너(Container) 방식으로 서버 가상화
> • 서비스 유형에 따라 IaaS, PaaS, SaaS로 분류
> • 공개 범위에 따라 퍼블릭 클라우드, 프라이빗 클라우드, 하이브리드 클라우드로 분류

36 정답 ③

피벗테이블 결과 표시는 다른 시트에도 가능하다.

37 정답 ③

세액은 공급가액의 10%이므로 (수기종이계산서의 공급가액)×0.1이다. 따라서 [F4] 셀에는 「=E4*0.1」을 입력해야 한다.

38 정답 ③

[G5] 셀을 채우기 위해서는 함수식 「=SUM(G3:G4)」 또는 「=SUM(E5:F5)」가 입력되어야 하고, 총 합계는 12,281,889이다.

오답분석
① · ② AVERAGE 함수는 평균을 구할 때 사용하는 함수이다.

39 정답 ③

오답분석
① 낱장 인쇄용지 중 크기가 가장 큰 용지는 B1이다.
② 낱장 인쇄용지의 가로와 세로의 비율은 $1 : \sqrt{2}$ 이다.
④ 인쇄용지 A4의 2배 크기는 A3이다.

40 정답 ④

[D11] 셀에 입력된 COUNTA 함수는 범위에서 비어있지 않은 셀의 개수를 구하는 함수이다. [B3:D9] 범위에서 비어있지 않은 셀의 개수는 숫자 '1' 10개와 '재제출 요망'으로 입력된 텍스트 2개로, 「=COUNTA(B3:D9)」의 결괏값은 12이다.
[D12] 셀에 입력된 COUNT 함수는 범위에서 숫자가 포함된 셀의 개수를 구하는 함수이다. [B3:D9] 범위에서 숫자가 포함된 셀의 개수는 숫자 '1' 10개로, 「=COUNT(B3:D9)」의 결괏값은 10이다.
[D13] 셀에 입력된 COUNTBLANK 함수는 범위에서 비어있는 셀의 개수를 구하는 함수이다. [B3:D9] 범위에서 비어있는 셀의 개수는 9개로, 「=COUNTBLANK(B3:D9)」의 결괏값은 9이다.

41 정답 ③

가현이가 수영하는 속력을 xm/s, A지점에서 B지점까지의 거리를 ym, 강물의 속력을 zm/s라고 하자.
가현이가 강물이 흐르는 방향으로 가는 속력은 $(x+z)$m/s, 거슬러 올라가는 속력은 $(x-z)$m/s이고, 강물이 흐르는 방향으로 수영할 때 걸린 시간이 반대방향으로 거슬러 올라가며 걸린 시간의 0.2배라고 하였으므로

$$\frac{y}{x+z} = \frac{y}{x-z} \times 0.2 \rightarrow 10(x-z) = 2(x+z) \rightarrow 2x = 3z$$

$$\therefore x = \frac{3}{2}z$$

따라서 가현이의 속력 xm/s는 강물의 속력 zm/s의 1.5배이다.

42 정답 ②

$0 < x \leq 9$, $0 < y \leq 9$인 자연수 x, y가 있다고 하자.
흥선이가 이정표에서 본 수는 각각 $100x+y$, $10y+x$, $10x+y$이다.
차는 일정한 속력으로 달렸으므로
$$3\{(10y+x)-(10x+y)\} = (100x+y)-(10y+x)$$
$$\rightarrow 27y - 27x = 99x - 9y \rightarrow 2y = 7x$$
자연수 x, y의 범위는 $0 < x$, $y \leq 9$이므로 $x = 2$, $y = 7$이고, 이정표 3개에 적힌 수는 각각 207, 72, 27이다.
따라서 이정표에 적힌 숫자의 합은 207+72+27=306이다.

43 정답 ③

A의 속도를 xm/분이라 하면 B의 속도는 $1.5x$m/분이다.
A, B가 12분 동안 이동한 거리는 각각 $12x$m, $12 \times 1.5x = 18x$m이고, 두 사람이 이동한 거리의 합은 1,200m이므로
$$12x + 18x = 1,200$$
$$\therefore x = 40$$
따라서 A의 속도는 40m/분이다.

44 정답 ①

남성 합격자 수를 A명, 여성 합격자 수를 B명이라고 하자.
$$A + B = 40 \cdots \bigcirc$$
남성 합격자 총점과 여성 합격자 총점의 합을 전체 인원으로 나누면 전체 평균과 같다.
$$\frac{82A + 85B}{40} = 83.35 \rightarrow 82 \times A + 85 \times B = 83.35 \times 40 \cdots \bigcirc$$
$\bigcirc$, $\bigcirc$을 연립하면 $A = 22$, $B = 18$이 된다.
따라서 남성 합격자는 22명이고, 여성 합격자는 18명이다.

45 정답 ②

소양강댐은 현재 저수율이 44.0%로 가장 높고, 보령댐은 21.5%로 가장 낮다. 이 둘의 차이는 22.5%p이다.

오답분석
① 대청댐은 경계단계에 해당하고, 주의단계에 해당하는 것은 주암댐이다.
③ 보령댐은 심각단계이다.
④ 보령댐과 횡성댐의 현재 저수량은 비슷한 수준이지만, 현재 저수율 차이로 보아 보령댐이 횡성댐보다 더 크다.

46

자전거전용도로는 전국에서 약 $13.4\%\left(=\dfrac{2,843}{21,176}\times100\right)$의 비율을 차지한다.

오답분석

① 제주특별자치도는 전국에서 여섯 번째로 자전거도로가 길다.

② 광주광역시의 전국 대비 자전거전용도로의 비율은 약 3.8% $\left(=\dfrac{109}{2,843}\times100\right)$이며, 자전거보행자겸용도로의 비율은 약 $3\%\left(=\dfrac{484}{16,331}\times100\right)$로, 자전거전용도로의 비율이 더 높다.

③ 경상남도의 모든 자전거도로는 전국에서 약 $8.7\%\left(=\dfrac{1,844}{21,176}\right.$ $\left.\times100\right)$의 비율을 가지므로 옳지 않다.

47

• 7권의 소설책 중 3권을 선택하는 경우의 수

: $_7\text{C}_3=\dfrac{7\times6\times5}{3\times2\times1}=35$가지

• 5권의 시집 중 2권을 선택하는 경우의 수

: $_5\text{C}_2=\dfrac{5\times4}{2\times1}=10$가지

따라서 소설책 3권과 시집 2권을 선택하는 경우의 수는 35×10 $=350$가지이다.

48

대치동의 증권자산은 $23.0-17.7-3.1=2.2$조 원, 서초동의 증권자산은 $22.6-16.8-4.3=1.5$조 원이므로 옳은 설명이다.

오답분석

① 압구정동의 가구 수는 $\dfrac{14.4조}{12.8억}=11,250$가구, 여의도동의 가구 수는 $\dfrac{24.9조}{26.7억}≒9,300$가구이므로 압구정동의 가구 수가 더 많다.

② 이촌동의 가구 수가 2만 가구 이상이려면 총자산이 $7.4\times$ $20,000=14.8$조 원 이상이어야 한다. 그러나 이촌동은 총자산이 14.4조 원인 압구정동보다도 순위가 낮으므로 이촌동의 가구 수는 2만 가구 미만이다.

④ 여의도동의 부동산자산은 12.3조 원 미만이다. 따라서 여의도동의 증권자산은 최소 3조 원 이상이다.

49

여학생의 평균 점수를 a점이라 가정하면, 남학생 평균 점수는 $(3a+2)$점이다.

전체 평균 점수에 대한 관계식은 $200\times0.51\times(3a+2)+200\times0.49\times a=200\times59.6$이다.

이 방정식에서 각 항에 공통인 200을 약분하면 다음과 같다.

$0.51\times(3a+2)+0.49\times a=59.6 \rightarrow 1.53a+1.02+0.49a=59.6$ $\rightarrow 2.02a=58.58 \rightarrow a=29$

따라서 여학생의 평균 점수는 29점이며, 남학생의 평균 점수는 89점이다.

50

총 이동자 수 대비 $20\sim30$대 이동자 수 비율은 2012년이 약 45.4%로 가장 높다.

제3회 모의고사 정답 및 해설

01	02	03	04	05	06	07	08	09	10
①	④	④	③	③	①	③	③	④	③
11	12	13	14	15	16	17	18	19	20
③	④	①	①	②	②	③	④	②	②
21	22	23	24	25	26	27	28	29	30
④	④	④	③	③	②	②	③	①	③
31	32	33	34	35	36	37	38	39	40
③	②	④	④	①	②	③	④	②	②
41	42	43	44	45	46	47	48	49	50
②	②	①	④	①	④	③	②	①	②

01
정답 ①

제시문은 위성영상지도 서비스인 구글어스로 건조지대에도 숲이 존재한다는 사실을 발견했다는 글이다. 첫 문장에서 '구글어스가 세계 환경의 보안관 역할을 톡톡히 하고 있다.'고 하였으므로 ①이 적절하다.

02
정답 ④

영화가 전통적인 예술이 지니는 아우라를 상실했다며 벤야민은 영화를 진정한 예술로 간주하지 않았다. 그러나 제시된 글에서는 영화가 우리 시대의 대표적인 예술 장르로 인정받고 있으며, 오늘날 문화의 총아로 각광받는 영화에 벤야민이 말한 아우라를 전면적으로 적용할 수 있을지는 미지수라고 지적한다. 따라서 벤야민의 견해에 대한 비판으로 ④처럼 예술에 대한 기준에는 벤야민이 제시한 아우라뿐만 아니라 여러 가지가 있을 수 있으며, 예술에 대한 기준도 시대에 따라 변한다는 사실을 들 수 있다.

오답분석

벤야민은 카메라의 개입이 있는 영화라는 장르 자체는 어떤 변화가 있어도 아우라의 체험을 얻을 수 없다고 비판한다. 그러므로 ①의 영상미, ②의 영화배우의 연기, ③의 영화 규모는 벤야민의 견해를 비판하는 근거가 될 수 없다.

03
정답 ④

기단의 성질을 기호로 표시할 때의 순서는 '습도 – 기단의 온도 – 열역학적 특성'이다. 마지막 문단에 설명된 시베리아기단의 성질은 지표면보다 차가운 대륙성한대기단이므로 기호는 cPk가 된다. 북태평양기단의 성질은 지표면보다 더운 해양성열대기단이므로 mTw이며, 지표면보다 차가운 해양성한대기단인 오호츠크해기단은 mPk로 표기한다.

04
정답 ③

제시문은 폐휴대전화 발생량으로 인한 자원낭비와 환경오염 문제를 극복하기 위해 기업에서 폐휴대전화 수거 운동을 벌이기로 했다는 내용의 글이다. 따라서 '(C) 폐휴대전화의 발생량 증가 → (A) 폐휴대전화를 이용한 재활용 효과 → (B) 폐휴대전화로 인한 환경오염 → (D) 기업의 폐휴대전화 수거 운동 실시' 순으로 연결되어야 한다.

05
정답 ③

'졸이다'는 '찌개를 졸이다.'와 같이 국물의 양을 적어지게 하는 것을 의미한다. 반면에 '조리다'는 '양념을 한 고기나 생선, 채소 따위를 국물에 넣고 바짝 끓여서 양념이 배어들게 하다.'의 의미를 지닌다. 따라서 ③의 경우 문맥상 '졸이다'가 아닌 '조리다'가 사용되어야 한다.

06
정답 ①

제시문 하단에 우리나라의 사회보장기본법의 내용에서 '사회보장이란 출산, 양육, 실업, 노령, 장애, 질병, 빈곤 및 사망 등의 사회적 위험으로부터 모든 국민을 보호'한다고 명시되어 있으므로, 사회보장의 대상은 모든 국민임을 알 수 있다. 따라서 사회보장은 '보호가 필요하다고 판단되는 빈곤 계층'이라는 일부의 대상에만 적용되는 선별적 개념이 아닌, 전 국민을 대상으로 적용하는 포괄적 개념이다.

07
정답 ③

제시문은 '디드로 효과'라는 개념에 대해 설명하는 글로, 디드로가 친구로부터 받은 실내복을 입게 되면서 벌어진 일련의 일들에 대하여 '친구로부터 실내복을 받음 → 옛 실내복을 버림 → 실내복에 어울리게끔 책상을 바꿈 → 서재의 벽장식을 바꿈 → 결국 모든 것을 바꾸게 됨'의 과정을 인과관계에 따라 서술하고 있다. 친구로부터 실내복을 받은 것이 첫 번째 원인이 되고 그 이후의 일들은 그것의 결과이자 새로운 원인이 되어 일어나게 된다.

08
정답 ③

통합허가 관련 서류는 통합환경 허가시스템을 통해 온라인으로도 제출할 수 있다.

오답분석
① 통합환경 관리제도는 대기, 수질, 토양 등 개별적으로 이루어지던 관리 방식을 하나로 통합해 환경오염물질이 다른 분야로 전이되는 것을 막기 위해 만들어졌다.
② 관리방식의 통합은 총 10종에 이르는 인허가를 통합허가 1종으로 줄였다.
④ 사업장별로 지역 맞춤형 허가기준을 부여해 5 ~ 8년마다 주기적으로 검토한다.

09
정답 ④

보기는 수열에너지에 기반을 두어 융 · 복합 클러스터 조성사업(K – Cloud Park)을 시행했을 때 기대효과를 말하고 있다. 따라서 융 · 복합 클러스터 조성사업(K – Cloud Park)을 소개하고 있는 문장과 사례를 소개하고 있는 문장 사이인 (D)에 위치해야 한다.

10
정답 ③

제시문의 레비스트로스는 신화 자체의 사유 방식이나 특성을 특정 시대의 것으로 한정하는 오류를 범하고 있다고 언급하였다. 과거 신화 시대에 생겨난 신화적 사유는, 신화가 재현되고 재생되는 한 여전히 시간과 공간을 뛰어넘어 현재화되고 있다.

11
정답 ③

문제에서 제시된 내용을 정리해보면 다음과 같다.
1) 심리학을 수강한 학생 중 몇 명은 한국사를 수강
2) 경제학을 수강한 학생은 모두 정치학을 수강
3) 경제학을 수강하지 않은 학생은 아무도 한국사를 수강하지 않음 → (대우) 한국사를 수강한 학생은 모두 경제학을 수강
이를 종합하면 한국사를 수강한 학생은 모두 경제학을 수강했고, 경제학을 수강한 학생은 모두 정치학을 수강했다는 것을 알 수 있다.

12
정답 ④

주어진 조건을 표로 정리하면 다음과 같다.

구분	인사 팀	영업 팀	홍보 팀	기획 팀	개발 팀	디자 인팀	참석 인원
보고서 작성	× (2명)	× (4명)	○ (3명)	○ (2명)	○ (5명)	○ (4명)	14명
사내 예절	○ (2명)	× (4명)	○ (3명)	○ (2명)	○ (5명)	○ (4명)	16명

따라서 교육에 참석한 홍보팀 신입사원은 모두 3명이다.

13
정답 ①

'김팀장이 이번 주 금요일에 월차를 쓴다.'를 A, '최대리가 이번 주 금요일에 월차를 쓴다.'를 B, '강사원의 프로젝트 마감일은 이번 주 금요일이다.'를 C라고 하면 제시된 명제는 A → ~B → C이므로 대우 ~C → B → ~A가 성립한다. 따라서 '강사원의 프로젝트 마감일이 이번 주 금요일이 아니라면 김팀장은 이번 주 금요일에 월차를 쓰지 않을 것이다.'는 반드시 참이 된다.

14
정답 ①

논리적 사고의 구성요소
• 상대 논리의 구조화 : 자신의 논리로만 생각하면 독선에 빠지기 쉬우므로 상대의 논리를 구조화하여 약점을 찾고, 자신의 생각을 재구축하는 것이 필요하다.
• 구체적인 생각 : 상대가 말하는 것을 잘 알 수 없을 때에는 구체적으로 생각해 보아야 한다.
• 생각하는 습관 : 논리적 사고에 있어서 가장 기본이 되는 것으로, 특정한 문제에 대해서만 생각하는 것이 아니라 일상적인 대화, 신문의 사설 등 어디서 어떤 것을 접하든지 늘 생각하는 습관을 들여야 한다.
• 타인에 대한 이해 : 상대의 주장에 반론을 제시할 때에는 상대 주장의 전부를 부정하지 않는 것이 좋으며, 동시에 상대의 인격을 부정해서는 안 된다.
• 설득 : 자신이 함께 일을 진행하는 상대와 의논하기도 하고 설득해 나가는 가운데 자신이 깨닫지 못했던 새로운 가치를 발견할 수 있다.

15 정답 ②

창의적 사고는 선천적으로 타고날 수도 있지만, 후천적 노력에 의해 개발이 가능하기 때문에 잘못된 조언이다.

오답분석

① 새로운 경험을 찾아 나서는 사람은 적극적이고, 모험심과 호기심 등을 가진 사람으로 창의력 교육훈련에 필요한 요소를 가지고 있는 사람이다.
③ 창의적인 사고는 창의력 교육훈련을 통해 후천적 노력에 의해서도 개발이 가능하다.
④ 창의력은 본인 스스로 자신의 틀에서 벗어나도록 노력하는 것으로, 통상적인 사고가 아니라 기발하고 독창적인 것을 말한다.

16 정답 ②

첫 번째, 네 번째 조건에 의해 A는 F와 함께 가야 한다. 그러면 두 번째 조건에 의해 B는 D와 함께 가야 하고, 세 번째 조건에 의해 C는 E와 함께 가야 한다. 따라서 한 조가 될 수 있는 두 사람은 A와 F, B와 D, C와 E이다.

17 정답 ③

ㄱ. 심사위원 3인이 같은 의견을 낸 경우엔 다수결에 의해 예선 통과 여부가 결정되므로 누가 심사위원장인지 알 수 없다.
ㄷ. 심사위원장을 A, 나머지 심사위원을 B, C, D라 하면 두 명의 ○ 결정에 따른 통과 여부는 다음과 같다.

○ 결정	A, B	A, C	A, D	B, C	B, D	C, D
통과 여부	○	○	○	×	×	×

• 경우 1
참가자 4명 중 2명 이상이 A가 포함된 2인의 심사위원에게 ○ 결정을 받았고 그 구성이 다르다면 심사위원장을 알아낼 수 있다.
• 경우 2
참가자 4명 중 1명만 A가 포함된 2인의 심사위원에게 ○ 결정을 받아 통과하였다고 하자. 나머지 3명은 A가 포함되지 않은 2인의 심사위원에게 ○ 결정을 받아 통과하지 못하였고 그 구성이 다르다. 통과하지 못한 참가자에게 ○ 결정을 준 심사위원에는 A가 없고 통과한 참가자에게 ○ 결정을 준 심사위원에 A가 있기 때문에 심사위원장이 A라는 것을 알아낼 수 있다.

오답분석

ㄴ. 4명의 참가자 모두 같은 2인의 심사위원에게만 ○ 결정을 받아 탈락했으므로 나머지 2인의 심사위원 중에 심사위원장이 있다는 것만 알 수 있고, 누가 심사위원장인지는 알 수 없다.

18 정답 ④

주어진 조건을 정리하면 다음과 같다.

구분	노래	기타연주	마술	춤	마임
인사팀	○ (4명)				
영업팀		○ (1명)			
홍보팀			○ (2명)		
디자인팀				○ (6명)	
기획팀					○ (7명)

따라서 홍보팀에서는 총 2명이 참가하며, 참가 종목은 마술이다.

19 정답 ②

• ㉠, ㉢, ㉽, ㉼에 의해, 언어영역 순위는 '형준 - 연재 - 소정(또는 소정 - 연재) - 영호' 순서로 높다.
• ㉠, ㉡, ㉢, ㉽, ㉾에 의해, 수리영역 순위는 '소정 - 형준 - 연재 - 영호' 순서로 높다.
• ㉢, ㉣, ㉽, ◎에 의해, 외국어영역 순위는 '영호 - 연재(또는 연재 - 영호) - 형준 - 소정' 순서로 높다.

오답분석

① 언어영역 2위는 연재 또는 소정이다.
③ 영호는 외국어영역에서는 1위 또는 2위이다.
④ 연재의 언어영역 순위는 2위 또는 3위이므로 여기에 1을 더한 순위가 형준이의 외국어영역 순위인 3위와 항상 같다고 할 수 없다.

20 정답 ②

주어진 조건에 의하면 C·D지원자는 재료손질 역할을 원하지 않고, A지원자는 세팅 및 정리 역할을 원한다. A지원자가 세팅 및 정리 역할을 하면 A지원자가 받을 수 있는 가장 높은 점수 90＋9 ＝99점을 받을 수 있고, C·D지원자는 요리보조, 요리 두 역할을 나눠하면 된다. 그리고 B지원자는 어떤 역할이든지 자신 있으므로 재료손질을 맡기면 된다. 마지막으로 C·D지원자가 요리보조와 요리 역할을 나눠가질 때, D지원자는 기존 성적이 97점이므로 요리를 선택하면 97＋7＝104점으로 100점이 넘어 요리 역할을 선택할 수가 없다. 따라서 B지원자에게는 재료손질, D지원자에게는 요리보조, C지원자에게는 요리, A지원자에게는 세팅 및 정리를 부여하면 모든 지원자들의 의견을 수렴하고 지원자 모두 최종점수가 100점을 넘지 않는다.

21
정답 ④

예산집행 조정, 통제 및 결산 총괄 등 예산과 관련된 업무는 ⓔ 자산팀이 아닌 ⑤ 예산팀이 담당하는 업무이다. 자산팀은 물품 구매와 장비·시설물 관리 등의 업무를 담당한다.

22
정답 ④

전문자격 시험의 출제정보를 관리하는 시스템의 구축·운영 업무는 정보화사업팀이 담당하는 업무로, 개인정보 보안과 관련된 업무를 담당하는 정보보안전담반의 업무로는 적절하지 않다.

23
정답 ④

④는 제품차별화에 대한 설명이다. 반도체의 이러한 특성은 반도체산업 내의 경쟁을 심화시키고, 신규기업의 진입 장벽을 낮추기도 한다. 또한 낮은 차별성으로 인한 치열한 가격경쟁은 구매자의 교섭력을 높이는 반면, 공급자의 교섭력은 낮아지게 한다. 따라서 ④는 ⓔ을 제외한 ⑤·ⓛ·ⓒ에 해당하는 사례이다.
ⓔ은 반도체를 대체할 수 있는 다른 제품의 여부에 관한 것으로서 대체재의 상대가격, 대체재에 대한 구매자의 성향이 해당한다.

24
정답 ③

구매자의 교섭력은 소수의 구매자만 존재하거나 구매자의 구매량이 판매자의 규모에 비해 클 때, 시장에 다수 기업의 제품이 존재할 때, 구매자가 직접 상품을 생산할 수 있을 때, 공급자의 제품 차별성이 낮을 때, 구매자가 공급자를 바꾸는 데 전환 비용이 거의 발생하지 않을 때 높아진다.

25
정답 ③

집단에서 일련의 과정을 거쳐 의사가 결정되었다고 해서 최선의 결과라고 단정지을 수는 없다.

26
정답 ②

제시된 모든 시간대에 전 직원의 스케줄이 비어있지 않다. 그렇다면 업무의 우선순위를 파악하여 바꿀 수 있는 스케줄을 파악하여야 한다. 10:00 ~ 11:00의 사원의 비품 신청은 타 업무에 비해 우선순위가 낮다.

오답분석
① 오전 부서장 회의는 부서의 상급자들과 상위 부서장들의 회의이며, 그날의 업무를 파악하고 분배하는 자리이므로 편성하기 어렵다.
③·④ 해당 시간에 예정된 업무는 해당 인원의 단독 업무가 아니므로 단독으로 변경해 편성하기 어렵다.

27
정답 ②

우선 박비서에게 회의 자료를 받아 와야 하므로 비서실을 들러야 한다. 다음으로 기자단 간담회는 대회 홍보 및 기자단 상대 업무를 맡은 홍보팀에서 자료를 정리할 것이므로 홍보팀을 거쳐야 하며, 승진자 인사 발표 소관 업무는 인사팀이 담당한다고 볼 수 있다. 또한, 회사의 차량 배차에 관한 업무는 총무팀의 업무로 보는 것이 타당하다.

28
정답 ③

경영은 경영목적, 인적자원, 자금, 전략의 4요소로 구성된다.
ㄱ. 경영목적
ㄴ. 인적자원
ㅁ. 자금
ㅂ. 경영전략

오답분석
ㄷ. 마케팅
ㄹ. 회계

29
정답 ①

조직변화의 유형
• 제품이나 서비스 : 기존 제품이나 서비스의 문제점을 인식하고 고객의 요구에 부응하기 위한 것으로, 고객을 늘리거나 새로운 시장을 확대하기 위해서 변화된다.
• 전략이나 구조 : 조직의 경영과 관계되며, 조직구조, 경영방식, 각종 시스템 등을 조직의 목적을 달성하고 효율성을 높이기 위해서 개선하는 것이다.
• 기술 : 새로운 기술이 도입이 되는 것으로 신기술이 발명되었을 때나 생산성을 높이기 위해 이루어진다.
• 문화 : 구성원들의 사고방식이나 가치체계를 변화시키는 것으로 조직의 목적과 일치시키기 위해 문화를 유도하기도 한다.

30
정답 ③

①·②·④는 전력과제에서 도출할 수 있는 추진방향이지만, ③ 국제경쟁입찰의 과열 경쟁 심화와 컨소시엄 구성 시 민간기업과 업무배분, 이윤추구성향 조율의 어려움 등은 문제점에 대한 언급이기 때문에 추진방향으로 가장 적절하지 않다.

31 정답 ③

VLOOKUP 함수는 「=VLOOKUP(첫 번째 열에서 찾으려는 값, 찾을 값과 결과로 추출할 값들이 포함된 데이터 범위, 값이 입력된 열의 열 번호, 일치 기준)」로 구성된다. 찾으려는 값은 [B2]가 되어야 하며, 추출할 값들이 포함된 데이터 범위는 [E2:F8]이고, 자동 채우기 핸들을 이용하여 사원들의 교육점수를 구해야 하므로 '[$E$2:$F$8]'와 같이 절대참조가 되어야 한다. 그리고 값이 입력된 열의 열 번호는 [E2:F8] 범위에서 2번째 열이 값이 입력된 열이므로 '2'가 되어야 하며, 정확히 일치해야 하는 값을 찾아야 하므로 FALSE 또는 '0'이 입력되어야 한다.

32 정답 ②

TODAY( )는 현재 날짜값을 반환해주는 함수이고 DATE(연, 월, 일)은 연, 월, 일의 값을 입력받아 해당 날짜값으로 변환해주는 함수이다.

33 정답 ④

스타일 적용 시에는 항상 범위를 설정할 필요가 없다. 특정 부분의 스타일을 변경하고 싶은 경우에만 범위를 설정하고 바꿀 스타일로 설정하면 된다.

34 정답 ④

(가)는 상용구 기능을, (나)는 캡션달기 기능을 설명하고 있다.

35 정답 ①

입출력 인터페이스(Input-Output Interface)는 CPU와 입출력 장치 간 연결 및 통신을 수행하는 연결 장치이다.

오답분석

② 시리얼 인터페이스 : 데이터를 1비트 단위로 송신하는 데이터 전송방식

③ 패러럴 인터페이스 : 데이터를 동시에 복수 비트 단위로 송신하는 데이터 전송방식

36 정답 ②

바이러스에 감염되는 경로로는 불법 무단 복제, 다른 사람들과 공동으로 사용하는 컴퓨터, 인터넷, 전자우편의 첨부파일 등이 있다.

Plus ─────

바이러스를 예방할 수 있는 방법

- 다운로드한 파일이나 외부에서 가져온 파일은 반드시 바이러스 검사를 수행한 후에 사용한다.
- 전자우편을 통해 감염될 수 있으므로 발신자가 불분명한 전자우편은 열어보지 않고 삭제한다.
- 중요한 자료는 정기적으로 백업한다.

- 바이러스 예방 프로그램을 램(RAM)에 상주시킨다.
- 백신 프로그램의 시스템 감시 및 인터넷 감시 기능을 이용해서 바이러스를 사전에 검색한다.
- 백신 프로그램의 업데이트를 통해 주기적으로 바이러스 검사를 수행한다.

37 정답 ③

백업은 원본이 손상되거나 잃어버릴 경우를 대비해 복사본을 만드는 과정으로, 바이러스 감염과는 관계없다.

38 정답 ④

팀명을 구하는 함수식은 「=CHOOSE(MID(B3,2,1), "홍보팀", "기획팀", "교육팀")」이다. 따라서 CHOOSE 함수와 MID 함수를 사용한다.

39 정답 ②

SUM 함수는 인수들의 합을 구할 때 사용한다.

- [B12] : 「=SUM(B2:B11)」
- [C12] : 「=SUM(C2:C11)」

오답분석

① REPT : 텍스트를 지정한 횟수만큼 반복한다.
③ AVERAGE : 인수들의 평균을 구한다.
④ CHOOSE : 인수 목록 중에서 하나를 고른다.

40 정답 ②

- MAX : 최댓값을 구한다.
- MIN : 최솟값을 구한다.

41 정답 ②

ㄱ, ㄴ, ㄷ, ㄹ 순으로 칠한다면 가장 면적이 넓은 ㄱ에 4가지를 칠할 수 있고, ㄴ은 ㄱ과 달라야 하므로 3가지, ㄷ은 ㄱ, ㄴ과 달라야 하므로 2가지, ㄹ은 ㄱ, ㄷ과 달라야 하므로 2가지를 칠할 수 있다.

$\therefore 4 \times 3 \times 2 \times 2 = 48$가지

42 정답 ②

원래 가격을 a라고 하면 할인된 가격은 $a \times 0.8 \times 0.9 = 0.72a$이므로 총 28% 할인되었다.

43

A, B, C팀 사원수를 각각 a, b, c로 가정한다. 이때 A, B, C의 총 근무만족도 점수는 각각 $80a$, $90b$, $40c$이다. A팀과 B팀의 근무만족도, B팀과 C팀의 근무만족도에 대한 평균점수가 제공되었으므로 해당 식을 이용하여 방정식을 세운다.
A팀과 B팀의 근무만족도 평균은 88점인 것을 이용하면 아래의 식을 얻는다.

$$\frac{80a+90b}{a+b}=88 \rightarrow 80a+90b=88a+88b \rightarrow 2b=8a$$

$$\therefore b=4a$$

B팀과 C팀의 근무만족도 평균은 70점인 것을 이용하면 아래의 식을 얻는다.

$$\frac{90b+40c}{b+c}=70 \rightarrow 90b+40c=70b+70c \rightarrow 20b=30c$$

$$\therefore 2b=3c$$

따라서 $2b=3c$이므로 식을 만족하기 위해서 c는 짝수여야 한다.

오답분석

② 근무만족도 평균이 가장 낮은 팀은 C팀이다.
③ B팀의 사원 수는 A팀의 사원 수의 4배이다.
④ A, B, C팀의 근무만족도 점수는 $80a+90b+40c$이며, 총 사원의 수는 $a+b+c$이다. 이때, b와 c를 a로 정리하여 표현하면 세 팀의 총 근무만족도 점수 평균은

$$\frac{80a+90b+40c}{a+b+c}=\frac{80a+360a+\frac{320}{3}c}{a+4a+\frac{8}{3}a}$$

$$=\frac{240a+1{,}080a+320a}{3a+12a+8a}=\frac{1{,}640a}{23a}≒71.3\text{이다.}$$

44

분석대상자 수와 진단율을 곱하여 천식 진단을 받은 학생 수를 구하면 다음과 같다.

구분	남학생	여학생
중1	$5{,}178×0.091≒471$명	$5{,}011×0.067≒335$명
중2	$5{,}272×0.108≒569$명	$5{,}105×0.076≒387$명
중3	$5{,}202×0.102≒530$명	$5{,}117×0.085≒434$명
고1	$5{,}069×0.104≒527$명	$5{,}096×0.076≒387$명
고2	$5{,}610×0.098≒549$명	$5{,}190×0.082≒425$명
고3	$5{,}293×0.087≒460$명	$5{,}133×0.076≒390$명

따라서 천식 진단을 받은 여학생의 수는 중·고등학교 모두 남학생보다 적다.

오답분석

① 중3 남학생과 고1 남학생, 고3 남학생, 고1 여학생, 고3 여학생은 전년 대비 감소했으므로 옳지 않다.
② 자료는 분석대상자 수만을 나타낸 것이므로 학년별 남학생, 여학생 수는 비교할 수 없다.
③ 고등학교 때도 남학생의 천식 진단율이 높다.

45

주어진 자료를 분석하면 다음과 같다.

생산량(개)	0	1	2	3	4	5
총 판매수입 (만 원)	0	7	14	21	28	35
총 생산비용 (만 원)	5	9	12	17	24	33
이윤(만 원)	−5	−2	+2	+4	+4	+2

ㄱ. 2개와 5개를 생산할 때의 이윤은 +2로 동일하다.
ㄴ. 이윤은 생산량 3개와 4개에서 +4로 가장 크지만, 최대 생산량을 묻고 있으므로, 극대화할 수 있는 최대 생산량은 4개이다.

오답분석

ㄷ. 생산량을 4개에서 5개로 늘리면 이윤은 4만 원에서 2만 원으로 감소한다.
ㄹ. 1개를 생산하면 −2만 원이지만, 생산하지 않을 때는 −5만 원이다.

46

평균 점수는 $\frac{(\text{총 득점})}{(\text{인원 수})}$이므로 A, B부서 10명의 총 득점은 $84×10=840$점이다. 마찬가지로 A부서의 총 득점은 $81×4=324$점이므로, B부서의 총 득점은 $840-324=516$점이다.
따라서 B부서의 평균 점수는 $516÷6=86$점이다.

47

7월과 9월에는 COD가 DO보다 많았다.

오답분석

① 자료를 통해 확인할 수 있다.
② DO는 4월에 가장 많았고, 9월에 가장 적었다. 이때의 차는 $12.1-6.4=5.7$mg/L이다.
④ 7월 BOD의 양은 2.2mg/L이고, 12월 BOD의 양은 1.4mg/L이다. 7월 대비 12월 소양강댐의 BOD 증감률은 $\frac{1.4-2.2}{2.2}×100≒-36.36\%$이다.
따라서 7월 대비 12월 소양강댐의 BOD 감소율은 30% 이상이다.

48

정답 ②

ⓒ 제시된 그래프에서 선의 기울기가 가파른 구간은 2013 ~ 2014
년, 2014 ~ 2015년, 2017 ~ 2018년이다. 2014년, 2015년,
2018년 물이용부담금 총액의 전년 대비 증가폭을 구하면 다음
과 같다.
- 2014년 : $6,631 - 6,166 = 465$억 원
- 2015년 : $7,171 - 6,631 = 540$억 원
- 2018년 : $8,108 - 7,563 = 545$억 원

따라서 물이용부담금 총액이 전년 대비 가장 많이 증가한 해는
2018년이다.

오답분석

㉠ 제시된 자료를 통해 확인할 수 있다.

ⓒ 2022년 금강유역 물이용부담금 총액
: $8,661 \times 0.2 = 1,732.2$억 원
∴ 2022년 금강유역에서 사용한 물의 양
: 1,732.2억 원 $\div 160$원$/m^3 ≒ 10.83$억m^3

ⓔ 2022년 물이용부담금 총액의 전년 대비 증가율
: $\dfrac{8,661 - 8,377}{8,377} \times 100 ≒ 3.39\%$

49

정답 ①

C안이 추가로 받을 표를 x표라고 하자. 총 50명의 직원 중 21($=
50 - 15 - 8 - 6$)명이 아직 투표를 하지 않았으므로 $x \leq 21$이다.
C안에 추가로 투표할 인원을 제외한 ($21 - x$)명이 개표 중간 결과
에서 가장 많은 표를 받은 A안에 투표한 수보다 C안의 표가 더
많아야 한다.
$15 + (21 - x) < 6 + x \rightarrow 30 < 2x \rightarrow 15 < x$

따라서 A, B안의 득표수와 상관없이 C안이 선정되려면 최소 16표
가 더 필요하다.

50

정답 ②

남녀 국회의원의 여야별 SNS 이용자 구성비 중 여자의 경우 여당
이 ($22 \div 38$)$\times 100 ≒ 57.9\%$이고, 야당은 ($16 \div 38$)$\times 100 ≒ 42.1\%$
이므로 잘못된 그래프이다.

오답분석

① 국회의원의 여야별 SNS 이용자 수는 각각 145명, 85명이다.

③ 야당 국회의원의 당선 횟수별 SNS 이용자 구성비는 85명 중
초선 36명, 2선 28명, 3선 14명, 4선 이상 7명이므로 각각
계산해보면 42.4%, 32.9%, 16.5%, 8.2%이다.

④ 2선 이상 국회의원의 정당별 SNS 이용자는 A당 63명, B당
44명, C당 5명이다.

제4회 모의고사 정답 및 해설

01	02	03	04	05	06	07	08	09	10
④	④	④	①	④	③	④	②	①	③
11	12	13	14	15	16	17	18	19	20
③	③	③	④	③	④	③	①	④	③
21	22	23	24	25	26	27	28	29	30
③	①	④	④	④	①	④	④	③	③
31	32	33	34	35	36	37	38	39	40
②	①	②	①	③	④	④	②	③	④
41	42	43	44	45	46	47	48	49	50
④	②	④	③	③	②	④	①	④	②

01　　　　　　　　　　　　　　정답 ④

제시문에서는 언어도 물과 공기, 빛과 소리처럼 오염 물질을 지니고 있다는 언어생태학자인 드와잇 볼링거의 주장을 제시하면서 내용을 전개하고 있다. 글쓴이는 드와잇 볼링거의 주장을 바탕으로 문명의 발달로 언어가 오염되고 있으며, 이러한 언어 오염이 인간의 정신을 황폐하게 만든다고 주장하고 있다.

오답분석
③ 말이나 글을 전보문이나 쇼핑 목록, 엑스레이로 찍은 사진 등으로 비유하는 방식을 사용하고 있으나, 이는 독자의 이해를 돕기 위해 사용한 것으로 상대방의 논리를 지지하기 위해 사용한 것으로는 볼 수 없다. 또한 언어 오염과 언어 재앙을 환경 오염과 환경 재앙으로 비유하고 있으나, 이 역시 상대방의 논리를 지지하는 것이 아니라 오히려 이를 통해 다른 학자의 주장을 반박하고 있다.

02　　　　　　　　　　　　　　정답 ④

'또한'은 '어떤 것을 전제로 하고 그것과 같게, 그 위에 더'를 뜻하는 부사로, 앞의 내용에 새로운 내용을 첨가할 때 사용한다. 그러나 ㉣의 앞 내용은 뒤 문장의 이유나 근거에 해당하므로 '또한'이 아닌 '그러므로'를 사용하는 것이 문맥상 자연스럽다.

03　　　　　　　　　　　　　　정답 ④

어떤 사안에 대한 '보고'를 한다는 것은 그 내용에 대한 충분한 이해가 되었다는 것이다. 즉, 그 내용과 관련해서 어떤 질문을 받아도 답변이 가능해야 한다.

오답분석
① 설명서에 해당하는 설명이다.
② 기획안에 해당하는 설명이다.
③ 이해를 돕기 위한 자료라 해도 양이 너무 많으면 오히려 내용 파악에 방해가 된다.

04　　　　　　　　　　　　　　정답 ①

제시문에서는 조상형 동물의 몸집이 커지면서 호흡의 필요성에 따라 아가미가 생겨났고, 호흡계 일부가 변형된 허파는 식도 아래쪽으로 생성되었으며, 이후 폐어 단계에서 척추동물로 진화하면서 호흡계와 소화계가 겹친 부위가 분리되기 시작하여 결국 하나의 교차점을 남기면서 인간의 음식물로 인한 질식 현상과 같은 단점을 남겼다고 설명하고 있다. 또한 마지막 문장에서 이러한 과정이 '당시에는 최선의 선택'이었다고 하였으므로, 진화가 순간순간에 필요한 대응일 뿐 최상의 결과를 내는 과정이 아님을 알 수 있다.

05　　　　　　　　　　　　　　정답 ④

제시문과 ④의 '받다'는 '다른 사람이나 대상이 가하는 행동, 심리적인 작용 따위를 당하거나 입다.'의 의미이다.

오답분석
① 사람을 맞아들이다.
② 다른 사람의 어리광, 주정 따위에 무조건 응하다.
③ 점수나 학위 따위를 따다.

06　　　　　　　　　　　　　　정답 ③

'정부에서 고창 갯벌을 습지보호지역으로 지정 고시한 사실을 알리는 (나) → 고창 갯벌의 상황을 밝히는 (가) → 습지보호지역으로 지정 고시된 이후에 달라진 내용을 언급하는 (라) → 앞으로의 계획을 밝히는 (다)' 순서가 적절하다.

07　정답 ④

제시문에서 '멋'은 파격이면서 동시에 보편적이고 일반적인 기준을 벗어나지 않아야 함을 강조하고 있다. 따라서 멋은 사회적인 관계에서 생겨나는 것이라는 결론을 유추할 수 있다.

08　정답 ②

해수에 비브리오패혈증균이 있을 수 있으니 해수로 씻으면 안 된다.

오답분석

① 간 질환자의 경우 고위험군에 해당하므로 충분히 가열 후 먹는 것이 좋다.
③ 급성 발열과 오한, 복통, 구토, 설사 등은 비브리오패혈증의 증상이다.
④ 어패류를 요리한 도마, 칼 등은 소독 후 사용해야 한다.

09　정답 ①

①의 경우 계획적이고 순차적으로 업무를 수행하므로 효율적인 업무 수행을 하고 있다.

오답분석

② 다른 사람의 업무에 지나칠 정도로 책임감을 느끼며 괴로워하는 B대리는 '배려적 일중독자'에 해당한다.
③ 음식을 과다 섭취하는 폭식처럼 일을 한 번에 몰아서 하는 C주임은 '폭식적 일중독자'에 해당한다.
④ 휴일이나 주말에도 일을 놓지 못하는 D사원은 '지속적인 일중독자'에 해당한다.

10　정답 ③

두 번째 문단에서 전통의 유지와 변화에 대한 견해 차이는 보수주의와 진보주의의 차이로 이해될 성질의 것이 아니며, 한국 사회의 근대화는 앞으로도 계속되어야 할 광범하고 심대한 '사회 구조적 변동'이라고 하였다. 또한, 마지막 문단에서 '근대화라고 하는 사회 구조적 변동이 문화 변화를 결정지을 것이기 때문'이라고 하였으므로 전통문화의 변화 문제를 '사회 변동의 시각'에서 다루는 것이 적절하다.

11　정답 ③

문제해결을 위한 방법으로 소프트 어프로치, 하드 어프로치, 퍼실리테이션(Facilitation)이 있다. 그중 마케팅 부장은 연구소 소장과 기획팀 부장 사이에서 의사결정에 서로 공감할 수 있도록 도와주는 일을 하고 있다. 또한, 상대의 입장에서 공감을 해주며, 서로 타협점을 좁혀 생산적인 결과를 도출할 수 있도록 대화를 하고 있다. 따라서 마케팅 부장이 취하고 있는 문제해결 방법은 퍼실리테이션이다.

오답분석

① 소프트 어프로치 : 대부분의 기업에서 볼 수 있는 전형적인 스타일로 조직 구성원들은 같은 문화적 토양으로 가지고 이심전심으로 서로를 이해하려 하며, 직접적인 표현보다 무언가를 시사하거나 암시를 통한 의사전달로 문제를 해결하는 방법이다.
② 하드 어프로치 : 다른 문화적 토양을 가지고 있는 구성원을 가정하고, 서로의 생각을 직설적으로 주장하며 논쟁이나 협상을 하는 방법으로 사실과 원칙에 근거한 토론이다.
④ 비판적 사고 : 어떤 주제나 주장 등에 대해 적극적으로 분석하고 종합하며 평가하는 능동적인 사고로 어떤 논증, 추론, 증거, 가치를 표현한 사례를 타당한 것으로 받아들일 것인지 결정을 내릴 때 요구되는 사고력이다.

12　정답 ③

기존 커피믹스가 잘 팔리고 있어 새로운 것에 도전하지 않는 것으로 보인다. 또한, 기존에 가지고 있는 커피를 기준으로 틀에 갇혀 블랙커피 커피믹스는 만들기 어렵다는 부정적인 시선으로 보고 있기 때문에 '발상의 전환'이 필요하다.

오답분석

① 전략적 사고 : 지금 당면하고 있는 문제와 해결 방법에만 국한되어 있지 말고, 상위 시스템 및 다른 문제와 관련이 있는지 생각해 봐야 한다.
② 분석적 사고 : 전체를 각각의 요소로 나누어 그 요소의 의미를 도출한 다음 우선순위를 부여하고 구체적인 문제해결 방법을 실행하는 것이다.
④ 내·외부자원의 효과적 활용 : 문제해결 시 기술·재료·방법·사람 등 필요한 자원 확보 계획을 수립하고, 내·외부자원을 활용하는 것을 말한다.

13　정답 ③

을이 오전 7시 30분에 일어나고 갑이 오전 6시 30분 전에 일어나면, 갑이 이길 수도 있고 질 수도 있다.
⟨예⟩ 갑이 6시 29분에 일어나는 경우 17(=6+2+9)이므로 갑이 게임에서 진다.

오답분석

① 갑이 오전 6시 정각에 일어나면, 을이 오전 7시 정각에 일어나도 결과가 7이므로 반드시 갑이 이긴다.
② 4개의 숫자를 더하여 제일 큰 수를 만드는 경우는 을이 오전 7시 59분에 일어났을 때와 갑이 오전 6시 59분에 일어났을 때이며, 합은 각각 21, 20이다. 그러므로 을이 오전 7시 59분에 일어나면 을은 반드시 진다.
④ 갑과 을이 정확히 한 시간 간격으로 일어나면, 시간에 해당하는 숫자의 차이만 나므로 갑이 항상 1 차이로 이기게 된다.

14

먼저 한 달간 약국의 공휴일 영업일수는 서로 같으므로 5일 동안 5개의 약국 중 2곳씩 영업할 경우 각 약국은 모두 두 번씩 영업해야 한다. 세 번째 조건과 마지막 조건에 따르면 D약국은 첫 번째, 두 번째 공휴일에 이미 A약국, E약국과 함께 두 번의 영업을 하였다. E약국 역시 네 번째 조건에 따라 마지막 공휴일에 영업할 예정이므로 모두 두 번의 영업을 하게 되며, A약국도 세 번째 공휴일인 오늘 영업 중이므로 두 번의 영업일을 채우게 된다.
B약국이 두 번의 영업일을 채우기 위해서는 네 번째와 다섯 번째 공휴일에 반드시 영업을 해야 하므로 C약국은 자연스럽게 남은 네 번째 공휴일에 영업을 하게 된다.
각 공휴일에 영업하는 약국을 정리하면 다음과 같다.

공휴일	첫 번째	두 번째	세 번째	네 번째	다섯 번째
약국 (횟수)	A(1), D(1) D(1), E(1)	D(2), E(1) A(1), D(2)	A(2), C(1)	B(1), C(2)	B(2), E(2)

따라서 네 번째 공휴일에 영업하는 약국은 B와 C이다.

오답분석
① 조건에 따르면 A약국은 첫 번째 또는 두 번째 공휴일에 영업을 하였는데, A약국이 세 번째 공휴일에 영업을 하므로 첫 번째 공휴일에 영업을 할 경우 연속으로 영업한다는 것은 참이 되지 않는다.
② 다섯 번째 공휴일에는 B와 E약국이 함께 영업한다.
③ B약국은 네 번째, 다섯 번째 공휴일에 영업한다.

15

예술성은 창의적 사고와 관련이 있으며, 비판적 사고를 개발하기 위해서는 감정적이고 주관적인 요소를 배제하여야 한다.

오답분석
① 체계성 : 결론에 이르기까지 논리적 일관성을 유지하여 논의하고 있는 문제의 핵심에서 벗어나지 않도록 한다.
② 결단성 : 모든 필요한 정보가 획득될 때까지 불필요한 논증을 피하고 모든 결정을 유보하며, 증거가 타당할 때 결론을 맺어야 한다.
④ 지적 호기심 : 여러 가지 다양한 질문이나 문제에 대한 해답을 탐색하고 사건의 원인과 설명을 구하기 위해 왜, 언제, 누가, 어떻게 등에 관한 질문을 제기해야 한다.

16

• 1단계
주민등록번호 앞 12자리 숫자에 가중치를 곱하면 다음과 같다.

숫자	가중치	(숫자)×(가중치)
2	2	4
4	3	12
0	4	0
2	5	10
0	6	0
2	7	14
8	8	64
0	9	0
3	2	6
7	3	21
0	4	0
1	5	5

• 2단계
1단계에서 구한 값을 합하면
$4+12+0+10+0+14+64+0+6+21+0+5=136$
• 3단계
2단계에서 구한 값을 11로 나누어 나머지를 구하면
$136 \div 11 = 12 \cdots 4$
즉, 나머지는 4이다.
• 4단계
11에서 나머지를 뺀 수는 $11-4=7$이다. 7을 10으로 나누면
$7 \div 10 = 0 \cdots 7$
따라서 빈칸에 들어갈 수는 7이다.

17

ㄱ. '다' 카드를 활용해 9와 1이 적힌 낱말퍼즐 조각을 바꾸고, '가' 카드를 이용해 3과 11이 적힌 낱말퍼즐 조각을 바꾸면 가로로 'BEAR'라는 단어를 만들 수 있다.
ㄷ. '가' 카드를 활용하여 5와 13이 적힌 낱말퍼즐 조각을 바꾸고, '나' 카드를 활용하여 6과 11이 적힌 낱말퍼즐 조각을 바꾸면 가로로 'COLD'라는 단어를 만들 수 있다.

오답분석
ㄴ. 2와 9가 적힌 낱말퍼즐 조각을 바꿀 수 있는 카드 조건이 없으며, 낱말퍼즐 조각들을 3번 자리 바꿈을 하는 것도 규칙에 어긋난다.

18　　　　　　　　　　　　　　　　정답 ①

ㄱ. 'PLAY'라는 단어를 만들기 가장 쉬운 줄은 위에서부터 두 번째 가로줄이다. 하지만 이 경우에도 Y, L, A를 모두 이동시켜야 하므로 최소한 3번의 자리 바꿈이 필요하다. 따라서 불가능하다.

오답분석

ㄴ. 3번째 게임 규칙에 따르면 카드 2장을 모두 사용할 필요는 없다. 따라서 '가' 카드는 사용하지 않고, '마' 카드를 이용해 11과 12가 적힌 낱말퍼즐 조각을 맞바꾸면 가로로 'XERO'라는 단어를 만들 수 있다.

ㄷ. '라' 카드를 활용하여 5와 13의 낱말퍼즐 조각을 맞바꾸고, '마' 카드를 활용하여 6과 11의 낱말퍼즐 조각을 맞바꾸면 가로로 'COLD'라는 단어를 만들 수 있다.

19　　　　　　　　　　　　　　　　정답 ④

12시 방향에 앉아 있는 서울 대표를 기준으로 각 지역 대표를 시계 방향으로 배열하면 '서울 – 대구 – 춘천 – 경인 – 부산 – 광주 – 대전 – 속초'이다. 따라서 경인 대표와 마주보고 있는 사람은 속초 대표이다.

20　　　　　　　　　　　　　　　　정답 ③

주어진 조건에 따르면 가장 오랜 시간 동안 마케팅 교육을 진행하는 A와 부장보다 길게 교육을 진행하는 B는 부장이 될 수 없으므로 C가 부장임을 알 수 있다. 이때, 다섯 번째 조건에 따라 C부장은 교육 시간이 가장 짧은 인사 교육을 담당하는 것을 알 수 있다. 이를 정리하면 다음과 같다.

구분	인사 교육	영업 교육	마케팅 교육
시간	1시간	1시간 30분	2시간
담당	C	B	A
직급	부장	과장	과장

따라서 바르게 연결된 것은 ③이다.

21　　　　　　　　　　　　　　　　정답 ③

㉠ 집중화 전략
㉡ 원가우위 전략
㉢ 차별화 전략

22　　　　　　　　　　　　　　　　정답 ①

(A)는 경영전략 추진과정에서 환경분석을 나타내며, 환경분석은 외부환경 분석과 내부환경 분석으로 구분된다. 외부환경으로는 기업을 둘러싸고 있는 경쟁자, 공급자, 소비자, 법과 규제, 정치적 환경, 경제적 환경 등이 있으며, 내부환경은 기업구조, 기업문화, 기업자원 등이 해당된다. ①에서 설명하는 예산은 기업자원으로서 내부환경 분석의 성격을 가지며, 다른 사례들은 모두 외부환경 분석의 성격을 가짐을 알 수 있다.

23　　　　　　　　　　　　　　　　정답 ④

교육 내용은 R&D 정책, 사업 제안서, 지식 재산권 등 모두 R&D 사업과 관련된 내용이다. 따라서 기상산업 R&D 사업관리를 총괄하는 산업연구지원실이 교육 내용과 가장 관련이 높은 부서이다.

오답분석

② 기반연구지원실은 R&D의 규정 및 지침 등의 제도관리로 R&D 사업에 대한 교육 내용과 관련이 없다.

24　　　　　　　　　　　　　　　　정답 ④

항만기상관측장비 유지보수・관리 용역에 대한 입찰이기 때문에 기상관측장비 구매・유지보수 관련 수행 업무를 하는 장비사업팀과 가장 관련이 높다.

오답분석

① 장비검정팀은 지상기상관측장비 유지보수 관리, 기상장비 실내검정 등의 업무를 수행하기 때문에 직업 입찰 공고문을 내는 것은 장비사업팀보다 관련이 없다.

25　　　　　　　　　　　　　　　　정답 ④

제시된 시장 조사 결과 보고서를 보면 소비자의 건강에 대한 관심이 커지고 있어 가격보다는 제품의 기능을 중시해야 하고, 취급 점포를 체계적으로 관리하며 상품의 가격을 조절해야 할 필요성이 나타나고 있다. 그러므로 '고급화 전략을 추진한다.'와 '전속적 또는 선택적 유통 전략을 도입한다.'라는 마케팅 전략을 구사하는 것이 적절하다.

26　　　　　　　　　　　　　　　　정답 ①

베트남 사람들은 매장에 직접 방문해서 구입하는 것을 더 선호하므로 인터넷, TV 광고와 같은 간접적인 방법의 홍보를 활성화하는 것은 신사업 전략으로 옳지 않다.

27　　　　　　　　　　　　　　　　정답 ④

비품은 기관의 비품이나 차량 등을 관리하는 총무지원실에 신청해야 하며, 교육 일정은 사내 직원의 교육 업무를 담당하는 인사혁신실에서 확인해야 한다.

오답분석

기획조정실은 전반적인 조직 경영과 조직문화 형성, 예산 업무, 이사회, 국회 협력 업무, 법무 관련 업무를 담당한다.

28　　　　　　　　　　　　　　　　정답 ②

경영활동을 구성하는 요소는 경영목적, 인적자원, 자금, 경영전략이다. (나)의 경우와 같이 봉사활동을 수행하는 일은 목적과 인적자원, 자금 등이 필요한 일이지만, 정해진 목표를 달성하기 위한 조직의 관리, 전략, 운영 활동이라고 볼 수 없으므로 경영활동이 아니다.

29 정답 ③

S주임은 한 폴더 안에 파일이 많으면 가장 최근에 진행한 업무 파일이 맨 앞에 오도록 정리하라고 조언하였다. 따라서 가나다 순이 아닌 날짜 순으로 정렬해야 한다.

30 정답 ③

제시된 사례의 쟁점은 재고 처리이며, 여기서 김봉구 씨는 W사에 대하여 경쟁전략(강압전략)을 사용하고 있다. 강압전략은 'Win-Lose' 전략이다. 즉, 내가 승리하기 위해서 당신은 희생되어야 한다는 전략인 'I Win, You Lose' 전략이다. 명시적 또는 묵시적으로 강압적 위협이나 강압적 설득, 처벌 등의 방법으로 상대방을 굴복시키거나 순응시킨다. 자신의 주장을 확실하게 상대방에게 제시하고 상대방에게 이를 수용하지 않으면 보복이 있을 것이며 협상이 결렬될 것이라는 등의 위협을 가하는 것이다. 즉, 강압전략은 일방적인 의사소통으로 일방적인 양보를 받아내려는 것이다.

31 정답 ②

사용자 지정 형식은 양수, 음수, 0, 텍스트와 같이 4개의 구역으로 구성되며, 각 구역은 세미콜론(;)으로 구분된다. 즉 양수서식;음수서식;0서식;텍스트서식으로 정리될 수 있다. 문제에서 양수는 파란색으로, 음수는 빨간색으로 표현해야 하기 때문에 양수서식에는 [파랑], 음수서식에는 [빨강]을 입력해야 한다. 그리고 표시 결과가 그대로 나타나야 하기 때문에 양수는 서식에 '+' 기호를 제외하며, 음수는 서식에 '−' 기호를 붙여 주도록 한다.

오답분석

① 양수가 빨간색, 음수가 파란색으로 표현되며, 음수의 경우 '−' 기호도 사라진다.
③ 양수에 '+' 기호가 붙게 된다.
④ 음수에 '−' 기호가 사라진다.

32 정답 ①

[삽입] 상태에서 내용을 입력하면 원래의 내용은 뒤로 밀려나면서 내용이 입력된다.

33 정답 ②

바이오스란 컴퓨터에서 전원을 켜면 맨 처음 컴퓨터의 제어를 맡아 가장 기본적인 기능을 처리해 주는 프로그램으로, 모든 소프트웨어는 바이오스를 기반으로 움직인다.

오답분석

① ROM(Read Only Memory)
③ RAM(Random Access Memory)
④ 스풀링(Spooling)

34 정답 ①

DCOUNT 함수는 범위에서 조건에 맞는 레코드 필드 열에 수치 데이터가 있는 셀의 개수를 계산하는 함수로, 「=(DCOUNT(목록 범위, 목록의 열 위치, 조건 범위)」로 구성된다. [E2] 셀에 입력한 「=DCOUNT (A1:C9,2,A12:B14)」 함수를 볼 때, [A1:C9] 목록 범위의 두 번째 열은 수치 데이터가 없으므로 결괏값은 0이 산출된다.

35 정답 ③

오답분석

(가) : 자간에 대한 설명이다.
(다) : 스크롤바로 화면을 상·하·좌·우 모두 이동할 수 있다.

36 정답 ④

Windows에서 현재 사용하고 있는 창을 닫을 때는 [Ctrl]+[W]를 눌러야 한다.

37 정답 ④

데이터 유효성 검사에서 제한 대상을 목록으로 설정을 했을 경우, 드롭다운 목록의 너비는 데이터 유효성 설정이 있는 셀의 너비에 의해 결정된다.

38 정답 ②

[A1:A2] 영역을 채운 뒤 아래로 드래그하면 '월요일 − 수요일 − 금요일 − 일요일 − 화요일' 순서로 입력된다.

39 정답 ③

'$'를 입력하면 절대참조이므로 위치가 변하지 않고, 입력하지 않으면 상대참조이므로 위치가 변한다. 「$A$1」은 A열 1행 고정이며, 「$A2」는 A열은 고정이지만 행은 위치가 변한다. [A7] 셀을 복사하여 [C8] 셀에 붙여넣기를 하면 열이 오른쪽으로 2칸 움직였지만 고정이므로 위치가 변하지 않고, 행이 7에서 8로 1행만큼 이동하였기 때문에 「=$A$1+$A3」이 [C8] 셀이 된다. 따라서 1+3=4이다.

40 정답 ④

「=SMALL(B3:B9,2)」은 [B3:B9] 범위에서 2번째로 작은 값을 구하는 함수이므로 7이 출력된다. 「=MATCH(7,B3:B9,0)」는 [B3:B9] 범위에서 7의 위치 값을 나타내므로 값은 4가 나온다. 따라서 「=INDEX(A3:E9,4,5)」의 결괏값은 [A3:E9]의 범위에서 4행, 5열에 위치한 대전이다.

41

정답 ④

합격한 사람의 수를 x명이라 하면, 불합격한 사람의 수는 $(200-x)$명이다.

$55 \times 200 = 70 \times x + 40 \times (200-x)$ → $11,000 = 30x + 8,000$

→ $30x = 3,000$

$\therefore x = 100$

42

정답 ②

진희의 집부터 어린이집까지의 거리를 $x$km라고 하면, 어린이집부터 회사까지의 거리는 $(12-x)$km이다.

어린이집부터 회사까지 진희의 속력은 10km/h의 1.4배이므로 14km/h이다.

집부터 회사까지 1시간이 걸렸으므로

$\dfrac{x}{10} + \dfrac{12-x}{14} = 1$ → $7x + 5(12-x) = 70$ → $2x = 10$ → $x = 5$

즉, 어린이집을 가는 데 걸린 시간은 $\dfrac{5}{10}$ 시간=30분이다.

따라서 어린이집에서 출발한 시각은 8시 30분이다.

43

정답 ④

10원짜리와 100원짜리는 0개, 1개, 2개의 3가지 방법으로, 50원짜리와 500원짜리는 0개, 1개의 2가지 방법으로 지불할 수 있다. 또 각각의 경우는 금액이 중복되지 않으므로 지불할 수 있는 금액의 경우의 수는 $3 \times 2 \times 3 \times 2 = 36$가지이다.

이때 0원을 지불하는 것은 제외해야 하므로 총 35가지의 금액을 지불할 수 있다.

44

정답 ③

각 학년의 전체 수학 점수의 합을 구하면 다음과 같다.

- 1학년 : $38 \times 50 = 1,900$점
- 2학년 : $64 \times 20 = 1,280$점
- 3학년 : $44 \times 30 = 1,320$점

따라서 전체 수학 점수 평균은 $\dfrac{1,900+1,280+1,320}{50+20+30} = \dfrac{4,500}{100}$

=45점이다.

45

정답 ③

가로

1. $28,000 + (100-47) = 28,053$

세로

2. $7,200 \times (1-0.57) = 3,096$

3. $(8,155 \times 0.717) - (1,025 \times 0.7) ≒ 5,130$

4. $8,695 + (8,478 \times 0.617) - (100 - 46.9) ≒ 13,873$

즉, ㉠ 9, ㉡ 1, ⓐ 5, ⓑ 8이다.

$\therefore$ ㉠+㉡−ⓐ×ⓑ=$9+1-5\times8=-30$

46

정답 ②

1인당 GDP 순위는 E>C>B>A>D이다. 그런데 1인당 GDP가 가장 큰 E국은 1인당 GDP가 2위인 C국보다 1% 정도밖에 높지 않은 반면, 인구는 C국의 $\dfrac{1}{10}$ 이하이므로 총 GDP 역시 C국보다 작다.

따라서 1인당 GDP 순위와 총 GDP 순위는 일치하지 않는다.

오답분석

① 경제성장률이 가장 큰 나라는 D국이며, 1인당 GDP와 총인구를 고려하면 D국의 총 GDP가 가장 작은 것을 알 수 있다.

③ 수출 및 수입 규모에 따른 순위는 C>B>A>D>E이므로 서로 일치한다.

④ A국의 총 GDP는 $27,214 \times 50.6 = 1,377,028.4$백만 달러, E국의 총 GDP는 $56,328 \times 24.0 = 1,351,872$백만 달러이므로 A국의 총 GDP가 더 크다.

47

정답 ④

일본의 R&D 투자 총액은 1,508억 달러이며, 이는 GDP의 3.44%이므로 $3.44 = \dfrac{1,508}{(\text{GDP 총액})} \times 100$이다.

따라서 일본의 GDP 총액은 $\dfrac{1,508}{0.0344} ≒ 43,837$억 달러이다.

48

정답 ①

문제에서 제시된 조건을 정리하면 다음과 같다.

구분	남성	여성	합계
운전 가능	36	24	60
운전 불가능	4	36	40
합계	40	60	100

여성으로만 이루어진 팀의 수를 최소화하려면 남성과 여성으로 이루어진 팀의 수는 최대가 되어야 한다.

먼저 운전을 할 수 없는 남성과 운전을 할 수 있는 여성을 짝지어 주면 운전을 할 수 있는 여성은 20명이 남게 된다. 운전을 할 수 있는 남성과 운전을 할 수 없는 여성은 둘 다 36명으로, 36개의 남성 – 여성 팀을 편성할 수 있다.

따라서 여성 – 여성으로 이루어진 팀은 최소 10팀이다.

49

2019년 강수량의 총합은 1,529.7mm이고, 2020년 강수량의 총합은 1,122.7mm이다.

따라서 전년 대비 강수량의 변화를 구하면 1,529.7－1,122.7＝407mm로 가장 변화량이 크다.

오답분석

① 조사기간 내 가을철 평균 강수량은 $\dfrac{1,919.9}{8} ≒ 240$mm이다.

② 여름철 강수량이 두 번째로 높았던 해는 2019년이다. 2019년의 가을·겨울철 강수량의 합은 502.6mm이고, 봄철 강수량은 256.5mm이다.

   따라서 256.5×2＝513mm이므로 봄철 강수량의 2배 미만이다.

③ 강수량이 제일 낮은 해는 2022년이지만, 가뭄의 기준이 제시되지 않았으므로 알 수 없다.

50

원 중심에서 멀어질수록 점수가 높아지는데, B국의 경우 수비보다 미드필드가 원 중심에서 먼 곳에 표시가 되어 있으므로 B국은 수비보다 미드필드에서의 능력이 뛰어남을 알 수 있다.

www.sdedu.co.kr

학습플래너

Date 202 . . .	D-5	공부시간 3H50M

◉ NCS 특강 시간 확인
◉ 사람으로서 할 수 있는 최선을 다한 후에는 오직 하늘의 뜻을 기다린다.
◉

과목	내용	체크
모의고사	제1회 모의고사	○

MEMO

학습플래너

Date	. . .	D-	공부시간	H M

◉

◉

◉

과목	내용	체크

MEMO

Date . . .	D-	공부시간 H M

- ◉
- ◉
- ◉

과목	내용	체크

MEMO

학습플래너

Date	.	.	.	D-	공부시간	H	M

◉
◉
◉

과목	내용	체크

MEMO

Date	. . .	D-	공부시간 H M

◉

◉

◉

과목	내용	체크

MEMO

학습플래너

Date	.	.	.	D-		공부시간	H	M

◉

◉

◉

과목	내용	체크

MEMO

| Date . . . | D- | 공부시간 H M |

| Date . . . | | D- | 공부시간 H M |

◉
◉
◉

과목	내용	체크

MEMO

학습플래너

Date	.	.	.	D-	공부시간	H	M

- ⦿
- ⦿
- ⦿

과목	내용	체크

MEMO

| Date . . . | D- | 공부시간 | H | M |

◉
◉
◉

과목	내용	체크

MEMO

학습플래너

Date	. . .	D-	공부시간	H	M

◉

◉

◉

과목	내용	체크

MEMO

NCS 직업기초능력평가 답안카드

성 명

지원 분야

문제지 형별기재란

( )형

Ⓐ Ⓑ

수 험 번 호

⓪ ① ② ③ ④ ⑤ ⑥ ⑦ ⑧ ⑨
⓪ ① ② ③ ④ ⑤ ⑥ ⑦ ⑧ ⑨
⓪ ① ② ③ ④ ⑤ ⑥ ⑦ ⑧ ⑨
⓪ ① ② ③ ④ ⑤ ⑥ ⑦ ⑧ ⑨
⓪ ① ② ③ ④ ⑤ ⑥ ⑦ ⑧ ⑨
⓪ ① ② ③ ④ ⑤ ⑥ ⑦ ⑧ ⑨
⓪ ① ② ③ ④ ⑤ ⑥ ⑦ ⑧ ⑨

감독위원 확인

인

1	① ② ③ ④	21	① ② ③ ④	41	① ② ③ ④
2	① ② ③ ④	22	① ② ③ ④	42	① ② ③ ④
3	① ② ③ ④	23	① ② ③ ④	43	① ② ③ ④
4	① ② ③ ④	24	① ② ③ ④	44	① ② ③ ④
5	① ② ③ ④	25	① ② ③ ④	45	① ② ③ ④
6	① ② ③ ④	26	① ② ③ ④	46	① ② ③ ④
7	① ② ③ ④	27	① ② ③ ④	47	① ② ③ ④
8	① ② ③ ④	28	① ② ③ ④	48	① ② ③ ④
9	① ② ③ ④	29	① ② ③ ④	49	① ② ③ ④
10	① ② ③ ④	30	① ② ③ ④	50	① ② ③ ④
11	① ② ③ ④	31	① ② ③ ④		
12	① ② ③ ④	32	① ② ③ ④		
13	① ② ③ ④	33	① ② ③ ④		
14	① ② ③ ④	34	① ② ③ ④		
15	① ② ③ ④	35	① ② ③ ④		
16	① ② ③ ④	36	① ② ③ ④		
17	① ② ③ ④	37	① ② ③ ④		
18	① ② ③ ④	38	① ② ③ ④		
19	① ② ③ ④	39	① ② ③ ④		
20	① ② ③ ④	40	① ② ③ ④		

※ 본 답안지는 마킹연습용 모의 답안지입니다.

NCS 직업기초능력평가 답안카드

※ 본 답안지는 마킹연습용 모의 답안지입니다.

문번	①	②	③	④	문번	①	②	③	④	문번	①	②	③	④
1	①	②	③	④	21	①	②	③	④	41	①	②	③	④
2	①	②	③	④	22	①	②	③	④	42	①	②	③	④
3	①	②	③	④	23	①	②	③	④	43	①	②	③	④
4	①	②	③	④	24	①	②	③	④	44	①	②	③	④
5	①	②	③	④	25	①	②	③	④	45	①	②	③	④
6	①	②	③	④	26	①	②	③	④	46	①	②	③	④
7	①	②	③	④	27	①	②	③	④	47	①	②	③	④
8	①	②	③	④	28	①	②	③	④	48	①	②	③	④
9	①	②	③	④	29	①	②	③	④	49	①	②	③	④
10	①	②	③	④	30	①	②	③	④	50	①	②	③	④
11	①	②	③	④	31	①	②	③	④					
12	①	②	③	④	32	①	②	③	④					
13	①	②	③	④	33	①	②	③	④					
14	①	②	③	④	34	①	②	③	④					
15	①	②	③	④	35	①	②	③	④					
16	①	②	③	④	36	①	②	③	④					
17	①	②	③	④	37	①	②	③	④					
18	①	②	③	④	38	①	②	③	④					
19	①	②	③	④	39	①	②	③	④					
20	①	②	③	④	40	①	②	③	④					

성 명

지원 분야

문제지 형별기재란

( )형   Ⓐ Ⓑ

수험번호

⑩	①	②	③	④	⑤	⑥	⑦	⑧	⑨
⑩	①	②	③	④	⑤	⑥	⑦	⑧	⑨
⑩	①	②	③	④	⑤	⑥	⑦	⑧	⑨
⑩	①	②	③	④	⑤	⑥	⑦	⑧	⑨
⑩	①	②	③	④	⑤	⑥	⑦	⑧	⑨
⑩	①	②	③	④	⑤	⑥	⑦	⑧	⑨
⑩	①	②	③	④	⑤	⑥	⑦	⑧	⑨

감독위원 확인

(인)

NCS 직업기초능력평가 답안카드

성 명

지원 분야

문제지 형별기재란

(형) Ⓐ Ⓑ

수험번호

⓪ ① ② ③ ④ ⑤ ⑥ ⑦ ⑧ ⑨
⓪ ① ② ③ ④ ⑤ ⑥ ⑦ ⑧ ⑨
⓪ ① ② ③ ④ ⑤ ⑥ ⑦ ⑧ ⑨
⓪ ① ② ③ ④ ⑤ ⑥ ⑦ ⑧ ⑨
⓪ ① ② ③ ④ ⑤ ⑥ ⑦ ⑧ ⑨
⓪ ① ② ③ ④ ⑤ ⑥ ⑦ ⑧ ⑨
⓪ ① ② ③ ④ ⑤ ⑥ ⑦ ⑧ ⑨

감독위원 확인

(인)

번호	1	2	3	4	번호	1	2	3	4	번호	1	2	3	4
1	①	②	③	④	21	①	②	③	④	41	①	②	③	④
2	①	②	③	④	22	①	②	③	④	42	①	②	③	④
3	①	②	③	④	23	①	②	③	④	43	①	②	③	④
4	①	②	③	④	24	①	②	③	④	44	①	②	③	④
5	①	②	③	④	25	①	②	③	④	45	①	②	③	④
6	①	②	③	④	26	①	②	③	④	46	①	②	③	④
7	①	②	③	④	27	①	②	③	④	47	①	②	③	④
8	①	②	③	④	28	①	②	③	④	48	①	②	③	④
9	①	②	③	④	29	①	②	③	④	49	①	②	③	④
10	①	②	③	④	30	①	②	③	④	50	①	②	③	④
11	①	②	③	④	31	①	②	③	④					
12	①	②	③	④	32	①	②	③	④					
13	①	②	③	④	33	①	②	③	④					
14	①	②	③	④	34	①	②	③	④					
15	①	②	③	④	35	①	②	③	④					
16	①	②	③	④	36	①	②	③	④					
17	①	②	③	④	37	①	②	③	④					
18	①	②	③	④	38	①	②	③	④					
19	①	②	③	④	39	①	②	③	④					
20	①	②	③	④	40	①	②	③	④					

NCS 직업기초능력평가 답안카드

번호	1	2	3	4		번호	1	2	3	4		번호	1	2	3	4
1	①	②	③	④		21	①	②	③	④		41	①	②	③	④
2	①	②	③	④		22	①	②	③	④		42	①	②	③	④
3	①	②	③	④		23	①	②	③	④		43	①	②	③	④
4	①	②	③	④		24	①	②	③	④		44	①	②	③	④
5	①	②	③	④		25	①	②	③	④		45	①	②	③	④
6	①	②	③	④		26	①	②	③	④		46	①	②	③	④
7	①	②	③	④		27	①	②	③	④		47	①	②	③	④
8	①	②	③	④		28	①	②	③	④		48	①	②	③	④
9	①	②	③	④		29	①	②	③	④		49	①	②	③	④
10	①	②	③	④		30	①	②	③	④		50	①	②	③	④
11	①	②	③	④		31	①	②	③	④						
12	①	②	③	④		32	①	②	③	④						
13	①	②	③	④		33	①	②	③	④						
14	①	②	③	④		34	①	②	③	④						
15	①	②	③	④		35	①	②	③	④						
16	①	②	③	④		36	①	②	③	④						
17	①	②	③	④		37	①	②	③	④						
18	①	②	③	④		38	①	②	③	④						
19	①	②	③	④		39	①	②	③	④						
20	①	②	③	④		40	①	②	③	④						

성 명

지원 분야

문제지 형별기재란

Ⓐ
Ⓑ
(형)

수험번호

⓪	①	②	③	④	⑤	⑥	⑦	⑧	⑨
⓪	①	②	③	④	⑤	⑥	⑦	⑧	⑨
⓪	①	②	③	④	⑤	⑥	⑦	⑧	⑨
⓪	①	②	③	④	⑤	⑥	⑦	⑧	⑨
⓪	①	②	③	④	⑤	⑥	⑦	⑧	⑨
⓪	①	②	③	④	⑤	⑥	⑦	⑧	⑨
⓪	①	②	③	④	⑤	⑥	⑦	⑧	⑨

감독위원 확인

(인)

2024 최신판 SD에듀 해양환경공단 NCS 최종모의고사 7회분 + 인성검사 + 면접 + 무료NCS특강

개정7판1쇄 발행	2024년 01월 30일 (인쇄 2023년 11월 02일)
초 판 발 행	2018년 11월 10일 (인쇄 2018년 10월 18일)
발 행 인	박영일
책 임 편 집	이해욱
편 저	SDC(Sidae Data Center)
편 집 진 행	김재희
표지디자인	조혜령
편집디자인	이은미 · 장성복
발 행 처	(주)시대고시기획
출 판 등 록	제10-1521호
주 소	서울시 마포구 큰우물로 75 [도화동 538 성지 B/D] 9F
전 화	1600-3600
팩 스	02-701-8823
홈 페 이 지	www.sdedu.co.kr
I S B N	979-11-383-4646-7 (13320)
정 가	18,000원

SD에듀가 합격을 준비하는 당신에게 제안합니다.

성공의 기회! **SD에듀**를 잡으십시오.
성공의 Next Step!

결심하셨다면 지금 당장 실행하십시오.
SD에듀와 함께라면 문제없습니다.

기회란 포착되어 활용되기 전에는
기회인지조차 알 수 없는 것이다.

- 마크 트웨인 -

기업별 맞춤 학습 "기본서" 시리즈

공기업 취업의 기초부터 심화까지! 합격의 문을 여는 *Hidden Key!*

기업별 기출문제 "기출이 답이다" 시리즈

역대 기출문제와 주요 공기업 기출문제를 한 권에! 합격을 위한 *One Way!*

기업별 시험 직전 마무리 "봉투모의고사" 시리즈

실제 시험과 동일하게 마무리! 합격을 향한 *Last Spurt!*

현재 나의 실력을 객관적으로 파악해 보자!

모바일 OMR
답안채점 / 성적분석 서비스

도서에 수록된 모의고사에 대한 객관적인 결과(정답률, 순위)를 종합적으로 분석하여 제공합니다.

OMR 입력

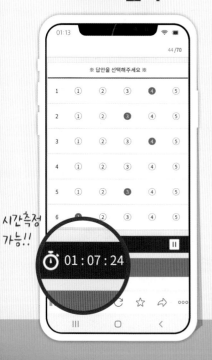

시간측정 가능!!

성적분석

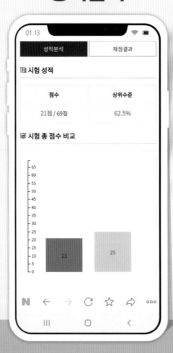

채점결과

※OMR 답안채점 / 성적분석 서비스는 등록 후 30일간 사용 가능합니다.

참여방법

도서 내 모의고사 우측 상단에 위치한 QR코드 찍기
→
 로그인 하기
→
 '시작하기' 클릭
→
 '응시하기' 클릭
→
나의 답안을 모바일 OMR 카드에 입력
→
 '성적분석 & 채점결과' 클릭
→
현재 내 실력 확인하기